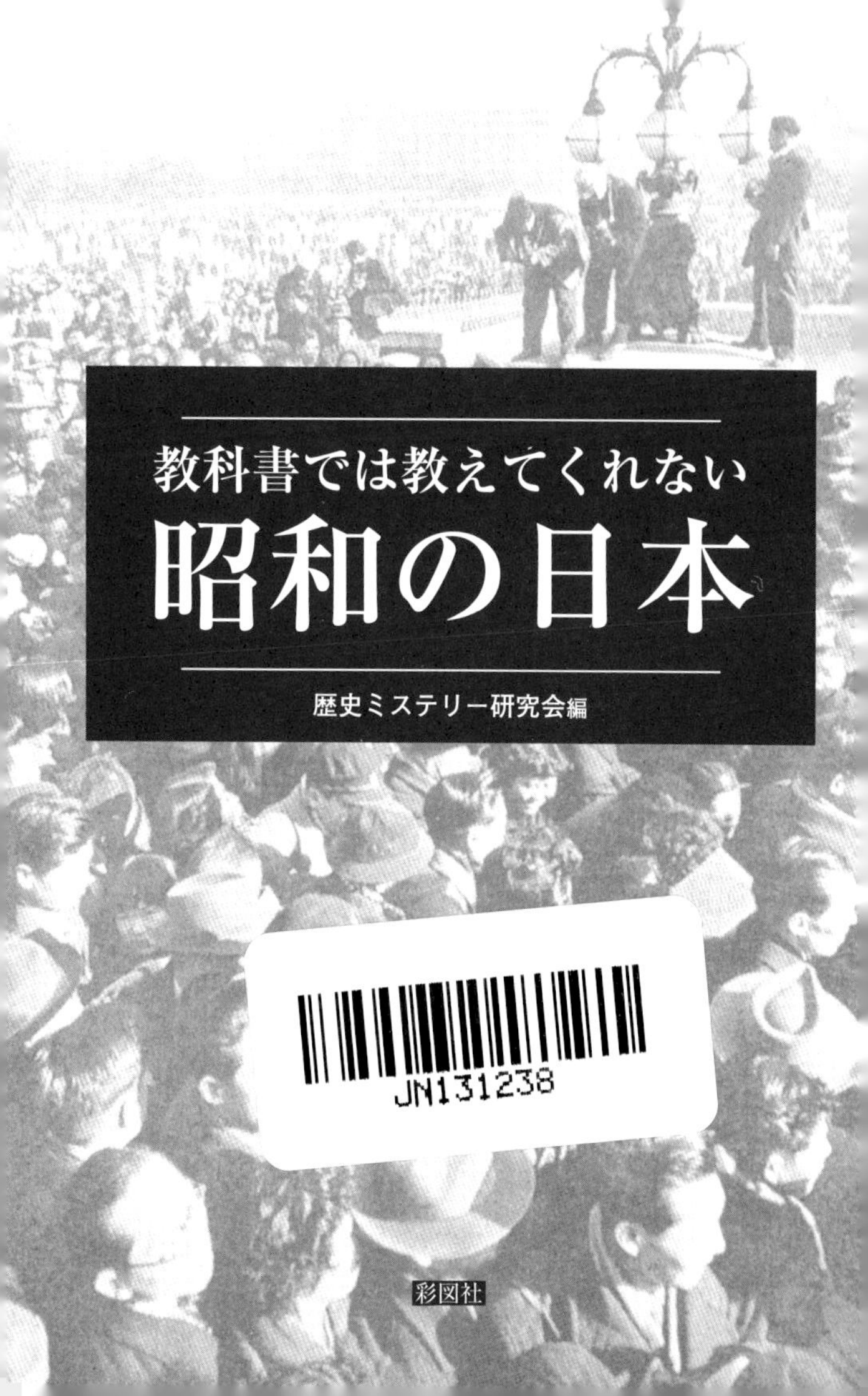

教科書では教えてくれない

昭和の日本

歴史ミステリー研究会編

彩図社

はじめに

日本は太平洋戦争の後、ＧＨＱによる約6年半の占領期を経て、１９５２（昭和27）年にふたたび独立した。その後「昭和」は約37年間続き、平成へとバトンタッチすることになるが、その間の日本には多くの光と影があった。

本書は、その約37年間の光と影を「昭和の日本」として切り取ったものだ。

終戦の混乱もおさまらない頃から、人々は仕事を求めて都市部に集まり始めた。東京の玄関口だった上野駅には、中学校を卒業したばかりの〝金の卵〟たちを乗せた就職列車が続々到着した。

都会に出てきた彼らは懸命に働き、やがて団地やニュータウンで新しい生活を始めることになる。周囲にはテレビや洗濯機など、それまで見たこともなかった新しい家電製品が登場し、生活はどんどん便利になっていった。

テレビの登場により、多くの人々が同時にスポーツなどの番組を楽しむようになる。ブラウン管の向こうでは力道山が空手チョップで白人レスラーを倒し、長嶋茂雄がヘルメットを飛ばすほどのフルスイングで球場をわかせた。

また、人々は次々と開催された大イベントにも夢中になった。皇太子ご夫妻のご成婚パレードに手を振り、東京オリンピックを観戦し、ビートルズの来日に熱狂した。大阪で万博が開催されると、6400万人が会場を訪れた。その頃になると、高速道路や新幹線が整備されていたため、実際に足を運ぶことが可能だったのだ。

そんななかで、社会の構造も劇的に変わった。産業の中心は農林業から製造業へ、そして小売業やサービス業へと移っていく。若者はおしゃれになり、新しい風俗やブームが生まれた。太陽族や竹の子族が休日の路上を占拠し、大人もゲームに夢中になった。

しかしその一方で、社会を震撼させるような大事件も多かった。その中には、今も映画や小説のテーマになる3億円事件や、グリコ・森永事件など、いまだ多くの謎が残ったままのものもある。

そんな昭和の出来事の数々を、当時の写真とともにいま一度検証してみた。日本中が躍動していた昭和の息吹を目いっぱい感じてほしい。

2020年11月

歴史ミステリー研究会

「教科書では教えてくれない　昭和の日本」　もくじ

1章　戦争から復興する日本

2章　昭和に生まれた大ブーム

3章　人々を熱狂させた大イベント

4章　新しい国の始まり

5章　昭和を動かした人々

6章　昭和の大事件

※本書では、当時の資料や歴史性などを考慮し、表現等を当時のままとしました。なお、本文中に登場する人物の敬称については略させていただきました。

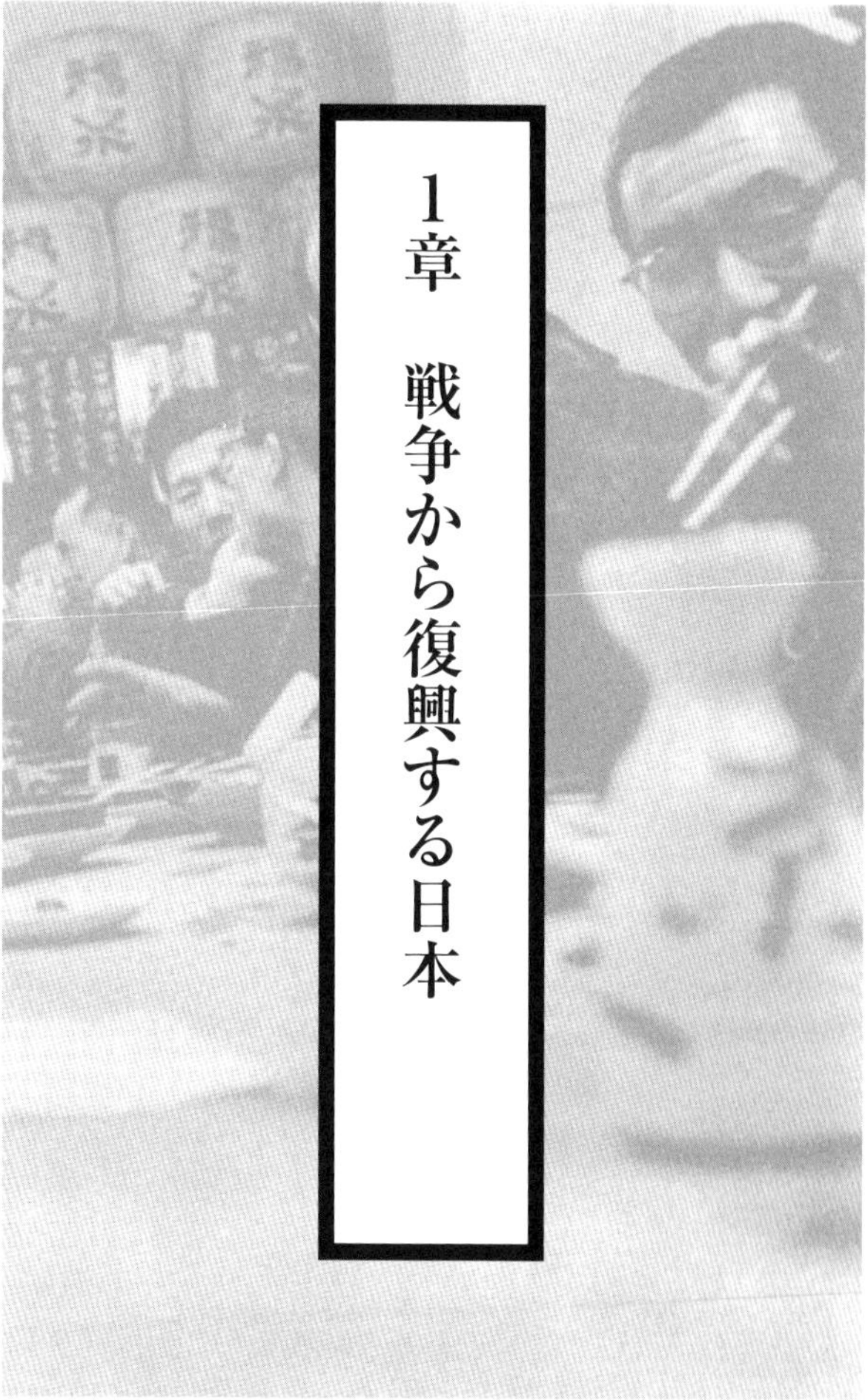

1章　戦争から復興する日本

地方から都会への「集団就職」

上野に集まった若者たち

終戦直後、上野駅には親をなくした戦災孤児や空襲で焼け出されて浮浪者となった人々があふれていた。それから10年後の１９５０年代半ばには、上野駅は集団就職の若者たちで埋め尽くされるようになる。

集団就職とは、中学校を卒業したばかりの子供たちが就職するためにまとまって都会に出ることだ。

この頃の日本の景気は右肩上がりだったが、都市部は労働力不足に悩まされていた。生活水準の向上とともに進学する若者が増えたからである。

集団就職はその対策のひとつで、１９５４（昭和29）年に、東京都渋谷区の商店会が公共職業安定所に働き手のあっせんを依頼したことが始まりだった。第一団は、新潟県高田市（現上越市）の若者たちだったといわれている。

就職列車で上野駅に着いた若者たち

その後、青森から集団就職する際に、生徒たちを安全に送り届けられるよう臨時列車を手配したことがきっかけで、上野を終着駅とする「就職列車」が誕生した。

かくして上野駅は、特に東北方面から上京する若者にとって特別な場所になったのだ。

懸命に働いた「金の卵」たち

集団就職する若者たちは、親元を離れる不安でいっぱいの者や、都会への憧れで胸をふくらませる者などさまざまだった。

だが、地方では農家の跡継ぎ以外はなかなか就職口がなく、進学させる余裕もなかったのが現実であり、地方の自治体や学校、家族にとっては渡りに船だったともいえる。

故郷の駅のホームでは代表の若者が立派な社会人になるための決意表明をしたり、それを見送る家族や親戚が歌や紙テープを投げて見送ったりと、駅によってはまるで戦時中の出兵さながらの光景が繰り広げられた。

この集団就職はやがて全国に広がり、中・四国や九州から出てきて関西や中京地区で働く若者も増えていた。就職先は製造業、紡績業、商業、場合によっては個人商店までさまざまだった。

九州の故郷を発つ若者

都会に出てきた若者たちは低賃金のうえに将来性を期待できることから「金の卵」と呼ばれ、奪い合いが起きるほどだった。

なかには環境の変化や就労条件の食い違いなどで途中で離職する若者も少なくなかったが、逆にせっせと働いて出世した者は、デパートで身なりを整えて休みに帰省するのがひとつのステイタスだった。それが「東京で働き、いい暮らしをしている」ことの証だったのだ。

急激な経済成長を遂げる日本を支えたのは、まさにこの集団就職の世代だった。そして他県からの流入者によって、1962（昭和37）年には東京の人口が初めて1000万を突破した。

雇用主と挨拶を交わす若者

需要の減少により姿を消す

だが、1960年代後半に入ると社会に変化が訪れる。企業ではオートメーション化が進み、若者の需要が減った。さらに地方でも教育熱が上がり、進学率が90パーセントにまで上昇した。

そうなれば、故郷を離れる必要がなくなった若者は都会に出なくなる。1975（昭和50）年3月に就職列車が上野駅に到着したのは確認されているが、その翌年には、集団就職は日本から姿を消したのだった。

ニュータウンと公団の誕生

都市で起きた住宅難への解決策

高度経済成長にともなう都市への人口流入は、住宅難という新たな問題を生み出した。1955（昭和30）年の時点で、大都市圏を中心とした不足住宅は全国で280万戸を超えていた。

この空前の住宅不足を解消するために日本住宅公団によって造られたのが、東京の多摩ニュータウンや高島平団地に代表される公団住宅だ。

1950年代の一般的な住宅の広さは、その4割が住民1人あたり2・5畳未満のもので、風呂はなく、20平方メートル未満の木造長屋や木造賃貸アパートが多かった。

そこに登場したのが、鉄筋コンクリート造りで、広さは35平方メートル前後、内風呂にキッチン、水洗トイレがあり、食事をするダイニングやキッチンと寝室が分離されたスタイルの公団住宅だった。公団住宅は、またたく間に庶民の憧れの存在となった。ど

東京都下につくられたひばりが丘団地

この公団も売り出されるやいなや希望者が殺到し、応募倍率は100倍を記録するほどの人気だった。

1971（昭和46）年の多摩ニュータウンの第1次入居に続き、翌年には日本最大のマンモス団地といわれた高島平団地の入居が始まっている。

高島平団地は都心へのアクセスの良さから人気が高く、1年間で約2万9000人が入居した。賃料は他の団地の2倍程度と高かったため、比較的年齢層の高い居住者が多くなると予測されていたが、入居者の中心は第1次ベビーブーマーである団塊の世代だった。

高度成長期の立役者である団塊の世代にとって、公団住宅は少々無理をしてでも手に入れたい夢のマイホームだったのである。

テレビ放送が開始される

終戦から8年後の放送開始

戦後の昭和に誕生した国民の娯楽といえば、なんといってもテレビである。

国内でのテレビの研究は大正末期からすでに始まっており、ブラウン管の開発、送電実験、アンテナの設置など段階的に進歩していたのだが、戦争によって中断を余儀なくされた。

戦後、ＧＨＱ（連合国軍最高司令官総司令部）によりテレビ研究の禁止令が解かれたことで再開され、１９５３（昭和28）年2月1日、ＮＨＫが日本初のテレビ放送を行ったのである。

記念すべき第一声はアナウンサーによる「ＪＯＡＫ・ＴＶ、こちらはＮＨＫ東京テレビジョンであります」だった。最初の番組として、菊五郎劇団の舞台劇「道行初音旅」が放映された。

正力松太郎による独自の放送網

日本のテレビ放送の黎明期の中心にいたのは、元政治家であり実業家でもあった正力《しょうりき》松太郎《まつたろう》である。1950（昭和25）年、アメリカが日本を含むアジアにテレビを普及させ、反共のプロパガンダを狙う構想を打ち出すと、正力は日本独自の放送網を築くことを思いついた。

当然のことながら、すでにテレビ放送の準備を始めていたNHKはこの動きに猛反発した。

しかし、最終的にはNHKと同じ年に民間放送の先陣を切る形で正力は日本テレビの開局にこぎつけている。

日本テレビが設置した街頭テレビ第１号

人々を熱狂させた街頭テレビ

開局当時の放送時間はせいぜい1日4時間程度だったが、ニュースあり、芝居あり、子供向けの娯楽番組ありと、全世代向けのメディアとして誕生したテレビは、人々の暮らしの中で大きな楽しみになっていった。

とはいえ、当時、テレビは高額で庶民が簡単に手を出せるものではなく、世の中に普及するのには時間がかかった。公務員の初任給が高卒で5400円だった当時、1953（昭和28）年に発売されたシャープ製の国産第1号の白黒テレビは、17万5000円もしたのだ。

そこで登場したのが街頭テレビである。人が集まる駅やデパート、公園など、都内だけでおよそ220台の大型テレビが設置された。

プロレスやボクシング、大相撲などが中継され、力道山といった国民的スターが誕生する。話題の対戦の日は都電が止まったり、テレビがある百貨店の床が抜けるほど人々はエキサイトしたという。

この仕掛け人もまた正力松太郎だった。公共の場で繰り広げられる人たちの熱狂ぶりは、番組のスポンサー集めに最大の効果をもたらすと考えたのだ。

街頭テレビに群がる観客（昭和30年）

メディアとして定着する

スポーツ中継というコンテンツを足がかりに、1955（昭和30）年には衆議院議員総選挙の開票速報が初めて放送された。

それまで新聞やラジオでしか知り得なかったリアルタイムの政治のニュースを人々は映像で知るようになったのだ。

1960（昭和35）年には、NHKおよび民放全局でカラー放送が始まった。

以後、テレビはラジオや新聞をしのぐ影響力を持ったメディアとして、国民の間に定着していったのである。

生活を変えた「三種の神器」

急速に普及したテレビ

「もはや戦後ではない」というフレーズが経済白書に登場した1950年代後半は、「消費は美徳」という雰囲気に包まれていた。

そんななか、庶民の人気を集めたのが「三種の神器」と呼ばれた白黒テレビ、洗濯機、冷蔵庫だ。

このいわゆる三種の神器の中で、もっとも普及が早かったのが白黒テレビだ。

1953（昭和28）年に発売されたシャープの国産第1号は17万5000円だったが、出荷台数が増えたことで価格は急速に安くなり、5年後には7万円程度になった。

この白黒テレビの普及に大きく貢献したのが、1959（昭和34）年4月に行われた皇太子殿下と美智子さまのご成婚記念パレードのテレビ中継だ（77ページ参照）。

皇太子殿下が民間出身の美しい女性と結婚するというニュースは国民の熱狂的な関心

庶民の憧れとなったテレビ

を集め、「ミッチーブーム」を巻き起こした。
ご成婚パレードに合わせて民放テレビの開局が相次ぎ、1953（昭和28）年のNHK本放送開始時には866世帯だった受信契約数は、パレードを前に200万世帯を突破、10月には300万世帯と急増した。
その後、テレビはスポーツ中継や娯楽番組など、庶民が気軽に楽しめる娯楽ツールとなり、テレビの前に家族が集う昭和のお茶の間の風景が生まれたのである。

女性を解放した洗濯機

一方、家庭の主婦のあり方をもっとも大きく変えたといわれるのが、洗濯機である。
それまでの洗濯は、たらいと洗濯板を

初期の洗濯機の実演販売

使って行うもので、家事の中で何より時間がかかる重労働だった。

その重労働を解消するためにまず売り出されたのは、洗濯槽のみの一槽式の電気洗濯機で、価格は3万円前後だった。ただし、脱水はローラを手で回す必要があった。

それを大きく進歩させたのが、三洋電機が1960（昭和35）年に発売した、洗濯槽と脱水槽を備えた二槽式洗濯機だ。この完全な電気式洗濯機の登場は、手洗いの洗濯から女性たちを解放したのだ。

こうして生活にゆとりが生まれた女性たちは、女性の地位向上という機運の中で、少しずつ社会進出を果たしていくのである。

冷蔵庫は高嶺の花

三種の神器の中でもっとも高嶺の花だったのは冷蔵庫だった。

1952（昭和27）年に売り出された当時は、機能は冷蔵のみで価格は8万円だった。これは当時のサラリーマンの給与の約10ヵ月分で、庶民がおいそれと買える代物ではなかった。

また、当時は井戸を利用して食品を冷やしたり、「その日に食べるものはその日に買う」という生活スタイルが浸透していたため、冷蔵保存の必要性が薄かったのである。

そんな理由で、冷蔵庫が普及するのは三種の神器の中で一番遅かった。それでも、1961（昭和36）年にはフリーザーつきの冷凍冷蔵庫が6万円程度で発売されている。

当初の冷凍冷蔵庫は、冷蔵庫内の一部が冷凍スペースとして確保されていた。そのため、冷凍庫の周りにはびっしりと霜がつき、それを定期的にマイナスドライバーなどでこそげ落とすのもお決まりの風景だった。

経済活性の原動力になる

三種の神器は、高度経済成長期のただ中にあった日本経済を活性化させ、1950年代後半からの好景気を支える柱となった。

ちなみに、1958（昭和33）年から1965（昭和40）年までの世帯普及率をみると、冷蔵庫は3パーセントから51パーセント、洗濯機は25パーセントから69パーセント、白黒テレビに至っては16パーセントからなんと90パーセントにまで上昇している。

豊かな生活に憧れる庶民の思いが原動力となり、好景気が続いたのである。

漫画や雑誌が続々刊行される

漫画のイメージを手塚治虫が変える

今や「MANGA」という言葉がそのまま世界で通じるほど、日本のカルチャーを代表する存在になった漫画だが、戦後の日本では〝低俗でくだらないもの〟という認識がまだ少なからずあった。

そんななか、漫画の価値を一変させたのが1947（昭和22）年に『新宝島』がベストセラーとなった手塚治虫（159ページ参照）である。

『新宝島』は、おもに関西圏で流通していた少年向けの漫画本で、いわゆる「赤本」だった。赤本とは、正規の流通ルートには乗せず、駄菓子屋やおもちゃ屋で売られていたもので、目立つようにと表紙に赤い色を使っていたことが名前の由来である。

数ページで終わる従来の漫画とは異なり、物語性と疾走感を持たせた手塚の作品は、子供たちのみならず、青年たちの心までをも惹きつけた。ちなみに、この作品は手塚の長編漫画のデビュー作でもある。

さらに手塚は、1952（昭和27）年、光文社の月刊誌『少年』で『鉄腕アトム』の連載を開始し、たちまち世間の話題を集めた。

この頃から漫画は、ひとつの確立したジャンルとして大衆に支持されるようになったのである。

一時はバッシングを受ける

とはいえ、戦後の日本人は日々の暮らしが精一杯で漫画など買う余裕はなく、もっぱら「貸本」が主流だった。

『ゲゲゲの鬼太郎』の水木しげるや、『ゴルゴ13』のさいとう・たかをなどは、貸本出身の漫画家である。

この頃は雑誌もブームで、『少年倶楽部』や『漫画少年』といった児童向けの月刊誌もあったが、これには漫画だけでなく小説も掲載されていた。

相変わらず漫画は子供たちに有害なものという認識が消えなかったというのが理由のひとつだが、ちょうどこの頃、アメリカではコミックの排斥運動が始まった。

すると、その流れが日本にも飛び火し、手塚治虫や水木しげるといったヒットメーカーたちがやり玉に挙げられ、大バッシングを受けたのである。

その運動は１９５５（昭和30）年にピークに達し、ＰＴＡを中心に大きく展開された。暴力的なシーンや人が死ぬ描写が問題視され、国を巻き込んでの大問題に発展し、その結果、きわどい描写には出版社が自主規制をかけるなどして対策を強いられるようになったのである。

週刊の少年漫画雑誌の刊行が続く

子供の好奇心と大人の監視のはざまで、それでも漫画は文化として着々と根づいた。赤本や貸本の流れが廃れると、ついに週刊の少年漫画雑誌が登場した。１９５９（昭和34）年のことである。

１９５０年代半ばすぎから出版界には週刊誌ブームが起こっており、『新潮』『明星』『女性自身』などが成功していた。

そんななかで子供向けの週刊誌を模索した小学館が『週刊少年サンデー』、講談社が『週刊少年マガジン』を立ち上げた。

『週刊少年サンデー』の創刊号

発売は3月17日とまったく同じで、『サンデー』は野球の長嶋茂雄、『マガジン』は相撲の朝汐太郎が創刊号の表紙を飾り、発行部数はそれぞれ35万部と20万5000部だった。

両誌による漫画家の取り合いも壮絶で、その顔ぶれは手塚治虫、水木しげる、藤子不二雄、赤塚不二夫、石ノ森章太郎、横山光輝、ちばてつやといった、いずれもやがて大御所と呼ばれる作家ばかりである。

ギャグ漫画にスポ根漫画、未来の話、歴史ものなど、多彩な作品群に子供たちは夢中になった。

1963（昭和38）年には少年画報社が『少年キング』を、さらに遅れて5年後に集英社が『少年ジャンプ』、さらにその1年後、秋田書店が『少年チャンピオン』を発売した。

この時代に発売されたほとんどの漫画雑誌が現存しており、今日の漫画文化を支えているのである。

スーパーカブの大流行

庶民の交通手段になる

1955（昭和30）年頃の日本は、オートバイの黄金期だった。当時はまだ自動車が高価だったため、庶民の交通手段となったのがオートバイだったのだ。

当時は名古屋、浜松などを中心に、全国で120ものメーカーが生まれ、競って新製品を世に送り出していた。

そうしてオートバイが庶民の生活に根づき始めた頃、さっそうと登場したのが、ホンダの「スーパーカブ」だ。

スーパーカブの開発は、ホンダ創業者である本田宗一郎のヨーロッパ視察に端を発している。

ヨーロッパで発売されているさまざまなペダルつきのオートバイを視察した宗一郎は、「ヨーロッパのオートバイは、舗装された良い道路を走るためのもの。日本の悪路には適さない」という結論に至った。

帰国した宗一郎は、舗装率の低い日本のでこぼこ道を安定して走れるバイクの開発に着手した。彼は設計室に毎朝顔を出しては、「蕎麦屋の出前持ちが片手で運転できるものをつくれ」という注文をつけたという。

そして1958（昭和33）年、スーパーカブは満を持して発売されたのである。

女性でも乗りやすいよう設計される

スーパーカブを販売するにあたって、ホンダの営業担当者が販売店に配った販促グッズがエプロンだ。

はたしてバイクとエプロンにどんな関係があるのかと疑問がわくが、そこにはスーパーカブに込められたコンセプトが秘められている。

じつは、スーパーカブは「たくさんの女性に乗ってほしい」というコンセプトのもと、デザインに女性を意識した工夫が凝らされているのだ。

たとえば、燃料タンクがシートの下に置かれている。当時のバイクは、足でまたぐスペースの前方に燃料タンクを置いているものが多かったのだが、これでは女性が乗りに

初代スーパーカブC100（写真提供：本田技研工業株式会社）

くい。その点スーパーカブの設計には、スカートをはいていても気軽に乗れるという配慮がなされているのだ。

販促グッズのエプロンには、エプロンを身につけた女性の販売員に接客してもらうことで、女性客を増やしたいという目論見があったのである。

一部の新聞広告などにも女性モデルを起用して、「貴方も乗れる！」というキャッチフレーズのもと、女性顧客を意識した広告を展開していた。

海外でも売れ続ける

スーパーカブの発売当時の価格は5万5000円だった。大卒の初任給が約1万3500円という時代に、「庶民でも手が届く乗り物」として発売直後から爆発的な人気となった。

排気量は50ccと小さいが、悪路にも負けず安定して走るスーパーカブは、買い物や通勤の足として庶民の暮らしを便利にした。そして現在までそのスタイルは大きくは変わっておらず、蕎麦屋の出前や新聞配達員などが乗るバイクとして今も日本中を走り続けている。

海外でも開発途上国などを中心に売り上げを伸ばし、累計販売台数は2019（令和元）年末時点で1億台を突破している。

人口が1億人を突破する

戦争で失われた300万の命

1945（昭和20）年、国家の威信をかけた戦いが終わりを迎え、敗戦国となった日本には焼け野原だけが残された。

家、食糧、物資、仕事など、人々はありとあらゆるものを失ったが、なにより多くの命が犠牲になったことは国としても甚大な損失だった。1920（大正9）年に第1回の国勢調査が行われて以降、日本の人口は右肩上がりで増加をたどっていたが、終戦の年に激減する。

終戦直後の日本の人口はおよそ7200万人で、戦争による犠牲者はおよそ300万人、そのうち約80万人は空襲や沖縄戦などで犠牲となった民間人だったといわれている。

しかし、大幅に減った日本の人口は、終戦後間もなく増加に転じることになる。

子供が多すぎるため、授業は午前と午後の２部制になった。写真は教室が空くのを待つ仙台の子供たち。（昭和28年）

終戦直後に起こったベビーブーム

長く続いた戦争の呪縛から解き放たれると、世界各国では一気に子を増やす風潮に切り替わった。

日本でも１９４７（昭和22）年から２年の間に第１次ベビーブームが起こり、この３年間でおよそ８００万人の子が生まれている。のちに「団塊の世代」と呼ばれる子供たちだ。

また、敗戦のショックから立ち直るにつれて、生活環境や食生活が改善されたことで死亡率も大幅に低下した。

特に乳幼児や青年の死亡率が激減したことで、若年人口が増加したのが特徴的だ。

また、医療技術の進歩により、平均寿命も延びた。

1947（昭和22）年には男性が50歳、女性が54歳だった平均寿命は、わずか10年でそれぞれ64歳、68歳にまで延びている。

そして、1966（昭和41）年3月末の住民登録集計で、ついに日本の人口は1億人を突破したのだ。ここから世の中は1億総中流の時代へと突入していくのである。

カップヌードルが発売される

歩きながら食べるという最新スタイル

昭和の懐かしい味は数あれども、現在までほとんど見た目も変わらずに愛されているのが、日清食品が発売したカップラーメンだ。

1971(昭和46)年9月、世界初のカップ麺である「カップヌードル」が発売されると、流行に敏感な若者たちに、立ったままフォークで食べるというスタイルがウケた。

折しもその前年にはケンタッキーフライドチキン、2ヵ月前にはマクドナルドと、アメリカのファストフード店が相次いで日本に上陸していた。

立食文化のなかった日本人の目には、「立って食べる」「歩きながら食べる」というスタイルは、時代の最先端をいくアメリカナイズされたものに映ったのだ。

このようにして当時の若者たちの心をつかんだカップヌードルは、袋麺1個25円に対し1個100円という高価格にもかかわらず、大ヒット商品となった。11月に始めた銀

銀座でカップラーメンを楽しむ若者たち（小学館『昭和の時代』より引用）

座の歩行者天国での試食販売では、1日2万食という驚異的な数を売り上げたのである。

海外への展開をにらんだ商品開発

カップヌードルの誕生は、1958（昭和33）年に日清食品の創設者である安藤百福が開発・発売した「チキンラーメン」なくしては語れない。

世界初のインスタントラーメンであるチキンラーメンは、お湯を注いで2分で食べられるため「魔法のラーメン」と呼ばれ、同社の工場の前には問屋のトラックが列をなして待っていたという逸話もあるほどの大ヒット商品となった。

カップヌードルは、どんぶりも箸もない外国にチキンラーメンを広めようという安藤百福の熱意から生まれたものなのだ。

その情熱が容器に入ってフォークで食べるインスタントラーメンを生み出し、日本の食文化に新風を吹き込んだのである。

とはいえ、発売当初は歓迎する声ばかりではなかった。「立って食べるのは行儀が悪い」「良風美俗に反する」という理由から批判的な意見も多く、価格の高さも手伝ってか、スーパーなどの小売店にはなかなか並べてもらえなかったのだ。

そこで一計を案じた安藤百福は、お湯が出る専用自動販売機を開発した。買ったその場でお湯を入れて食べられる自動販売機が、1年間に全国で2万台設置されたのだ。

これが話題を呼び、試食販売会の成功も相まって、カップヌードルの人気は徐々に高まっていったのである。

あさま山荘事件で知名度を上げる

そして、カップヌードルを一気に全国区にした出来事が起きた。1972(昭和47)年2月に起きたあさま山荘事件である。

連合赤軍が立てこもるあさま山荘の様子は、連日テレビで生中継されていた。そして、その山荘を取り囲んでいた警視庁の機動隊員たちが食べていたのが、日清食品から提供されたカップヌードルだったのだ。

事件当時は2月ということもあり、現場は氷点下の冷え込みとなっていた。弁当などでは凍ってしまうため、お湯を注いで食べられるカップヌードルは、うってつけの食料だったのである。

雪深い山の中で湯気を立てたカップヌードルをほおばる隊員たちの姿が連日のテレビ中継で日本中に映し出され、事件のニュースを見ているお茶の間の庶民に強烈な印象を与えたのだ。

このことが最高の宣伝効果を生み、カップヌードルは飛躍的に売り上げを伸ばした。

そして、現在までに全世界で４００億食以上を売り上げる超ロングセラー商品になったのである。

コンビニエンスストアの登場

第1号店はセブン-イレブン

現在、国内には5万5000店舗以上のコンビニエンスストアがある。

それらの日本第1号店がどこであるのかについては諸説あるが、大きな話題になったのは1974（昭和49）年5月15日のセブン-イレブンのオープンだ。

東京の豊洲に開店したセブン-イレブンは、アメリカで誕生したコンビニエンスストアの上陸第1号店だった。

ちなみに、雨天だった開店当日のお客様第1号は、開店時間の7時よりも前に来店した中年の男性だった。彼は店に入ると、カウンター横にあった800円のサングラスを購入したという。

悪天候の中のオープンにもかかわらず、その日の売り上げは50万4000円と、市民たちの関心の高さがうかがえるスタートとなった。

セブン―イレブン1号店（小学館『昭和の時代』より引用）

深夜まで営業している店が少なかった当時、店名の通り朝の7時から夜の11時まで開いているセブン―イレブンは、画期的なものに映った。

「開いてて良かった」というキャッチコピーとともに、その後全国各地に広がっていったのだ。

便利さが人々を集め店舗数を増やす

その前年にファミリーマートの実験店舗が開店しており、翌年にはローソン1号店、その後もヤマザキデイリーストア、サンクス、サークルK、ミニストップなどのコンビニチェーンが続々と開店し、「便利さ」をウリにして人々の生活の中に浸透していくのである。

コンビニエンスストアの当初の顧客は、若者が中心だった。もの珍しさも相まって、若者はコンビニエンスストアにこぞって立ち寄った。

その後、店舗数が増えるにつれ、主婦やシニア層にも顧客層を拡大し、庶民の生活にとってなくてはならない存在となったのだ。

2章　昭和に生まれた大ブーム

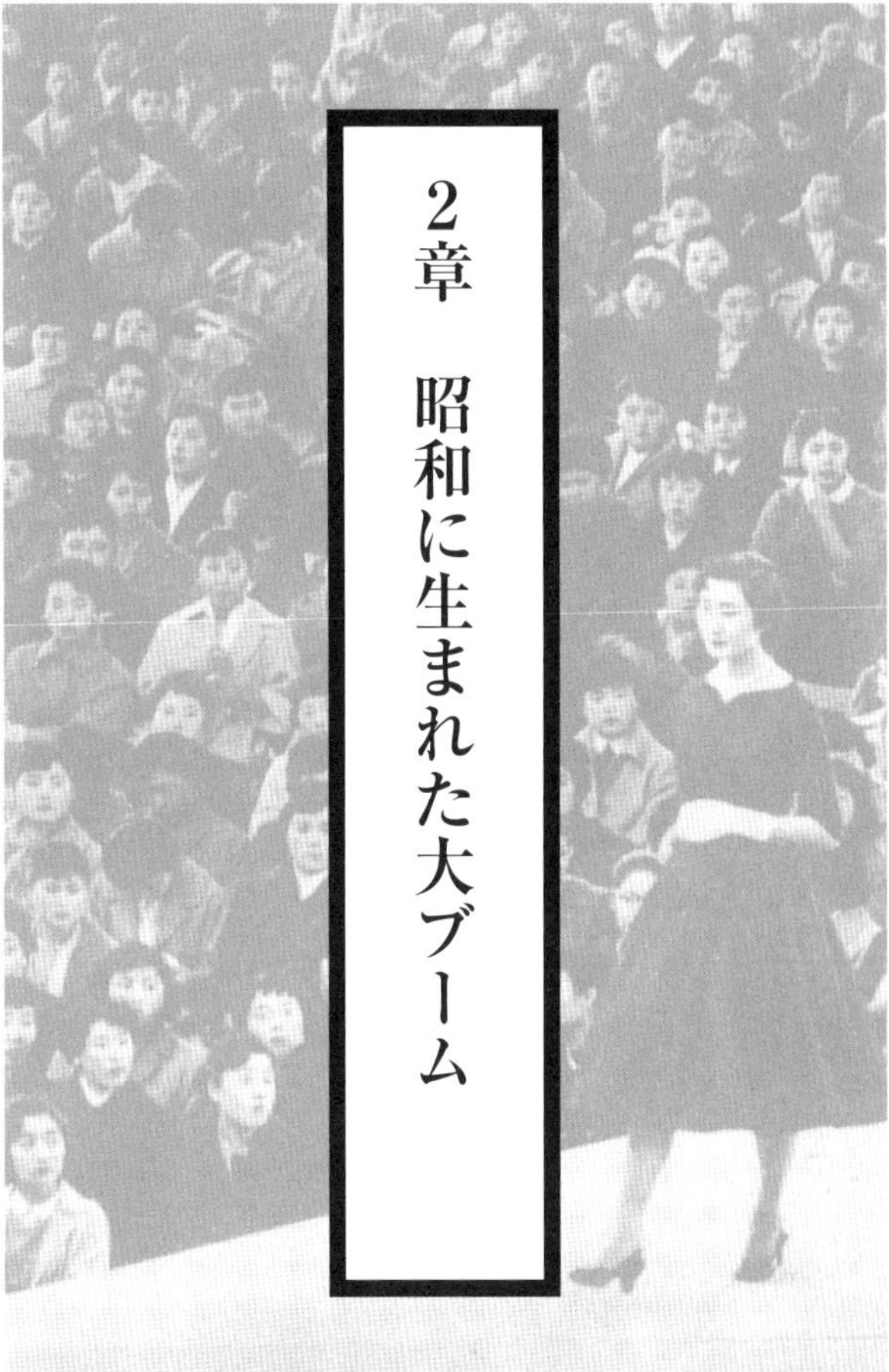

ラジオドラマ『君の名は』が大ヒット

民放ラジオの始まり

関東大震災の混乱を教訓に、日本にラジオ局が誕生したのは1925（大正14）年だった。

その後、ラジオは庶民の情報源となり、終戦時の玉音放送に象徴されるような大きな役割を果たし続けた。

最初は東京、名古屋、大阪という限られたエリアのみの放送で、翌年にはこの3つの局が統合し、社団法人日本放送協会（NHK）が設立された。

それまでNHKの独占だったところへ民間放送が加わったのは、1951（昭和26）年である。

先陣を切ったのは名古屋の「中部日本放送」で、その5時間半後に大阪の「新日本放送」（現在の毎日放送）、同年末に「ラジオ東京」（現在のTBSラジオ）が開局した。

民放ラジオの街頭録音の様子

当初は浪曲や音楽番組が中心で、まれにスポーツ中継などが行われた。

「ＮＨＫにはない独自性」が各局共通のスローガンで、たとえば今では当たり前となった野球中継に解説者をつけるスタイルも、民放ラジオが最初だった。

生放送だったすれ違いの悲恋

そして、戦後の復興が進み始めた１９５２（昭和27）年、脚本家・菊田一夫のラジオドラマ『君の名は』がスタートした。放送局はＮＨＫである。

東京大空襲の夜に偶然出会った氏家真知子と後宮春樹は、互いに助け合いながらどうにか生き延び、たどりついた数寄屋橋で再会を固く約束する。

別れ際に春樹は「君の名は」と問いかけるが、真知子は名乗ることなく立ち去り、そこから2人は運命のいたずらに翻弄されるのだ。

もどかしいすれ違いの悲恋と、戦後の社会問題に切り込んだメロドラマは、約2年間、合計98回にわたって放送された。

まだ録音の技術がなく、毎回生放送だったため、BGMもドラマに合わせてアドリブをきかせた生演奏で行われたという。

女性層を中心に大ヒットする

「忘却とは忘れ去ることなり。忘れ得ずして忘却を誓う心の悲しさよ――」

この哀愁漂うセリフは主人公の春樹がノートに書きつけた言葉で、ドラマは毎回このナレーションで始まるのがお決まりだった。

1回わずか15分のドラマは、回を追うごとに「続きが気になる」と女性層を中心に人気が爆発した。

放送時間になると銭湯から人が消えるといわれるほどの社会現象を巻き起こし、まさ

『君の名は』はドラマだけではなく映画でも大ヒットした。（読売新聞社『目で見る昭和の60年』下巻より引用）

に終戦直後の昭和のエンタメを代表する伝説的な作品だったといえるだろう。

人気はラジオだけにとどまらず、翌年には岸惠子主演で映画化もされ、やはり大ヒットとなった。

街には、ヒロインを真似て頭から首にかけてショールを巻く「真知子巻き」の女性たちがあふれ、デパートでは「後宮春樹様、お連れの方が屋上でお待ちです」といった、誰かの冗談であろう店内アナウンスに売り場がざわつく……といった現象も続発した。

ラジオドラマの聴取率はおよそ49パーセント、映画の興行収入は2億5000万円と当時の記録を大幅に更新した。文字通り、日本中が熱狂した作品だったのである。

映画の観客数が11億人を超える

次々と公開された多彩な映画

1950～60（昭和25～35）年代にかけて、日本の映画制作が隆盛をきわめた。のちに「世界のクロサワ」と呼ばれた黒澤明（155ページ参照）の名作が相次いで公開されたのもこの時代だ。特に『羅生門』、『生きる』、『七人の侍』の評判は国内にとどまらず、海外の映画賞をいくつも受賞した。

また、ラジオドラマの人気を受けて制作された『君の名は』（46ページ参照）は、第3部まで続くシリーズ物として人気を博した。

時代劇から、ヒューマンドラマ、コメディ、恋愛もの、青春ものまで、多彩なジャンルの作品が、復興にいそしむ国民の好奇心を満たしたのだ。

なかでも人々が熱中したのは大衆的な作品だった。森繁久彌主演のサラリーマン喜劇「社長シリーズ」は勤め人の悲哀や笑いを描いて大人の心をつかみ、また、石原裕次郎主

浅草六区には何軒もの映画館が建ち並んだ。（昭和28年頃）

演の『嵐を呼ぶ男』は、ドラマーを目指す熱い男の青春を描いて若者の心をつかんだ。

観客動員数が11億人を突破する

日本全体の映画の観客動員数は１９５４（昭和29）年で９億９３８７万人、さらに２年後には11億２７００万人にも達している。

終戦直後には全国に８４５館しかなかった映画館も、１９５８（昭和33）年には10倍近くにまで増えた。

ちなみに、この時代の映画館の入場料金は65～１００円ほどだった。チョコレート１個が30円程度だったことを考えれば、映画は庶民の家計をそこまで圧迫するものではなかったのかもしれない。

外で食事をして家族で映画館へ行く――。そんな光景も珍しくなかったのだ。

次々とスターが誕生する

この時代には、邦画メジャーと呼ばれる東宝、松竹、大映、東映、日活による激しい興行競争が繰り広げられた。

当時は各社が自前の撮影所を持ち、それぞれに専属俳優を抱えるのが当たり前だった。たとえば東映の中村錦之助（のちの萬屋錦之介）、2代目大川橋蔵、大映の長谷川一夫、8代目市川雷蔵、若尾文子、京マチ子などは、この時代が生んだ映画スターである。

また、当時は毎週2本立てで新作を公開しており、1つの映画会社が年間で60本以上作ることもザラだった。現代に比べると驚くほどの量産体制だが、この頃は〝出せば当たる〟というまさに黄金時代だったのだ。

役者のスケジュールも殺人的で、時代劇の斬られ役などはいくつもの現場を掛け持ちしていたため、当時は合法だった覚せい剤のヒロポンを打って撮影に臨んだ役者も珍しくなかったという。

そうなれば、撮影所以外にも街のあちこちで映画のロケが行われることになる。スターの周囲にはファンが群がるために撮影が進まず、スタッフはファンの整理から始めなくてはならないほどだった。

この現象は海外へも波及することになった。前述の黒澤明のほか、『西鶴一代女』の溝口健二、『東京物語』の小津安二郎など、海外で評価され、国際的な映画祭で賞を受賞する芸術作品も多かった。

娯楽の主役は映画からテレビへ

だがこの時期、映画にはテレビという強力なライバルが台頭する。

その危機感から、1956（昭和31）年には、日本映画連合会がテレビへの対抗策として、劇場用の映画のテレビ放送を禁じる「五社協定」（のちに六社協定）を結び、専属俳優のテレビ出演には会社の許可が必要であることを決め、テレビよりも映画のほうが格上であることを強調した。

しかし、時代の移り変わりとともに娯楽の主役はテレビになった。のちに協定も廃止され、映画スターもブラウン管の中にどんどん登場するようになったのである。

旅行ブームが拡大する

国内を活性化した新婚旅行

古くはお伊勢参りや金毘羅詣でなど、昔から日本人は旅行を楽しんできた。

1950年代、徐々に豊かになった国民たちの間にも旅行ブームが起こっている。国内の観光地は多くの観光客でにぎわい、観光産業が好調になったことで、地方の活性化が急速に進むことになったのだ。

そんな戦後になって増えた旅行スタイルに、新婚旅行がある。

日本で初めて新婚旅行に出かけたのは坂本龍馬とおりょう夫妻だといわれているように、戦前も新婚旅行へ行くカップルはいたが、おもに富裕層に限られていた。

それが戦後、暮らしが豊かになるに連れて、庶民もこぞって新婚旅行に出かけるようになったのだ。

当初、人気だったのは、関東なら伊豆や箱根、関西なら南紀白浜などの近場の温泉地だ。

それが１９６０年代になると、宮崎県を行先に選ぶカップルが急増した。

宮崎が新婚旅行の行先として人気となったきっかけは、昭和天皇の第5皇女貴子さんと島津久永氏の結婚だといわれている。

明るいキャラクターで知られる貴子さんは新しい時代の象徴として国民に人気だった。そして、島津ご夫妻が新婚旅行先として選んだのが宮崎だったのである。

その後も、ご結婚後の皇太子殿下と美智子さまが宮崎県を訪れると注目はさらに高まったという。

大量輸送を可能にした航空機

当時の旅行の多くは鉄道やバスを利用したものだったが、１９５１（昭和26）年に日本航空の第1号機が就航すると、空の旅を選ぶ人も徐々に増えていった。

航空運賃は、東京―大阪間で片道６０００円だった。大卒国家公務員の初任給が６０００円前後だったのでかなり高いが、それでも１９６０（昭和35）年には国内航空旅客数が約１２５万人にものぼっている。

その2年後には戦後初の純国産旅客機「ＹＳ－11」が登場した。大型機の登場によっ

YS-11の初飛行の様子（昭和37年）

て大量輸送が実現し、それにつれて航空運賃も安くなっていった。

海外への旅行者が急増する

東京オリンピックが開催された1964（昭和39）年の4月には海外旅行が自由化され、観光旅行者に向けたパスポートの発行が始まる。その1週間後には、ハワイへの初めての団体旅行団が出発した。

その翌年には、日本航空が海外ツアーパックの発売を開始した。

当時の広告によれば、ハワイ9日間の料金が37万8000円、ヨーロッパ16日間で67万5000円となっている。

これは一般市民にはとうてい手が出ないものだったが、宣伝で見る外国の風景に、誰もが「いつか行ってみたい」という海外旅行への憧れを募らせた。まさに〝憧れのハワイ航路〟だったのだ。

旅行客でいっぱいになった神奈川の海水浴場（昭和30年）

そして、1970（昭和45）年には、羽田空港にジャンボ機が初めて到着している。

海外旅行の人気はさらに高まり、2年後には渡航者は100万人を突破した。

この頃から、年末年始や大型連休に国内外に旅行に出かける人も増え、旅行ブームはもはやブームではなくひとつの文化として日本に根づいていったのである。

ひと夏だけのブーム・太陽族

大ヒットした『太陽の季節』

1956（昭和31）年の夏、ある映画が日本中で議論の的になった。日活が制作した『太陽の季節』だ。

この作品は、のちに東京都知事になる石原慎太郎が23歳の時に芥川賞を受賞した同名小説を映画化したものだが、その内容が健全ではないとして全国のＰＴＡや婦人団体から抗議の声が上がったのだ。

たしかに、ストーリーはスキャンダラスなものだった。裕福な家庭に育った享楽的な高校生が、つきあっていた恋人を兄に金で売り、妊娠中絶手術でその恋人を亡くすのだ。

しかし、この小説は芥川賞受賞後に単行本で売り出されるとまたたく間にベストセラーになり、映画も大ヒットとなった。

そしてその夏、映画の舞台となった湘南海岸には、石原の髪型をまねた〝慎太郎刈り〟

にサングラス、アロハシャツを着た「太陽族」と呼ばれる大勢の若者が出没して一大ブームを巻き起こした。と同時に、彼らは無軌道で不道徳な生き方をする不良集団だと非難を浴びるようになるのだ。

その一方で、太陽族は戦後教育のもとで育った若者像そのものだという声もあった。

湘南の海岸に現れた太陽族

小学生の時には日本は戦争に明け暮れていたのに、敗戦を迎えると突然、平和教育を押しつけられた不条理を味わった世代だからこそ生まれた風俗だというわけだ。

その後も、弟の裕次郎が主演した『狂った果実』などが次々に上映されて人気を博し、まとめて「太陽族映画」と呼ばれるようになった。

しかし、どれも衝撃的な内容で、青少年が観るのを禁じた市や県が出たほどだった。

こうして一大センセーションを起こした太陽族映画だったが、世の中の批判を受けてひと夏で終息していったのだ。

原宿に出現した竹の子族

歩行者天国で踊る若者たち

1980（昭和55）年頃、東京都の原宿にある代々木公園の歩行者天国に若者の集団が出現した。

彼らは金や銀、原色のド派手な衣装を身に着け、ラジカセで大音量の音楽を流し、独特の振りつけでステップを踏む。

曲はアラベスクやジンギスカン、ノーランズなど、当時ディスコで流行ったヒットソングばかりである。

そのエネルギッシュなダンスパフォーマンスを好奇心いっぱいのまなざしで見つめる若者たちで原宿には黒山の人だかりができた。こうして始まったのが「竹の子族」ブームである。

竹の子族は、彼らが好んで洋服を買っていたという原宿のブティックの名前に由来す

歩行者天国でパフォーマンスを繰り広げる竹の子族（写真提供：産経新聞社）

る。

パフォーマンスをしているのはおもに中高生たちで、彼らの支持層も同年代の若者だった。

最盛期は50以上のグループが形成され、それを目当てに地方からの見物人も含む10万人のギャラリーが集まった。

歩行者天国を意味する「ホコ天」と竹の子族は、当時、若者の間で最先端をいく憧れの対象だったのである。

原宿の住民を悩ませた暴走族

ディスコを青空の下に移したかのような竹の子族は、一見健全にも思えるが、位置づけとしては不良文化のひとつとみなされた。

ブーム直前の1979（昭和54）年はちょうど共通一次試験がスタートした年で、学歴信仰がいよいよ本格化した頃だった。

詰め込み教育になじめず落ちこぼれた子供たちはツッパリと呼ばれ、暴走族、校内暴力、いじめ、不登校といった問題行動に走った。

そもそも竹の子族の舞台となった原宿の歩行者天国も、まさにそうしたツッパリ対策の一環として始まったものだ。

当時、原宿にはバイクや車で騒音をまき散らす暴走族が押し寄せ、住民らを悩ませていた。そこで、静かで平穏な休日を取り戻すべく、1977（昭和52）年、代々木公園の交番前から青山通りまでの約2キロを車が入れないよう歩行者天国にした。

つまり、暴走族と入れ替わるようにして誕生したのが竹の子族だったのだ。

ロックンロールを踊ったローラー族

竹の子族に続いて登場したのがローラー族だ。

彼らは革ジャンにリーゼント、スカートにポニーテールという姿で、フィフティーズやシックスティーズの音楽にあわせてロックンロールを踊った。

竹の子族とローラー族でホコ天の盛り上がりはピークに達したが、やはりこの現象の行き着くところも騒音問題だった。

ホコ天から出る騒音は、旅客機の離着陸より大きいといわれ、周辺住民から苦情が殺到した。尋常ではない人の群れとあふれるゴミも大人たちの反感を買ったのだ。

やがて竹の子族は廃れ、ホコ天文化はのちのバンドブームへと引き継がれたが、原宿の歩行者天国は平成になって廃止されている。

ホコ天とその象徴だった竹の子族は、まさに昭和の遺産そのものなのである。

子供も大人も楽しんだゲーム

喫茶店に登場したインベーダー

1979（昭和54）年に一大ブームとなったゲームがある。この前年にタイトーが発売したもので、「スペースインベーダー」だ。

画面上方から攻めてくるインベーダー（侵略者）を撃って全滅させるというもので、今に続くシューティングゲームの系譜の先駆けである。

当時、大人の間ではこれを喫茶店で楽しむのが流行りだった。

テーブルの代わりにゲーム台が置かれ、客はお茶を飲みながら楽しむ。ゲームに熱中しすぎて1日の大半を喫茶店で過ごしてしまう人も続出した。

料金は1回100円が標準で、店によっては得点しだいで飲み物が無料になるなどのサービスも行われた。あまりのブームにこの時期、日本中の硬貨が不足したという伝説もあるほどだ。

もちろん大人だけでなく、子供も虜になったが、多くの学校はゲームセンターへの出入りを禁止した。入りびたって学校をさぼったり、ゲーム代をカツアゲされるなどの問題が多発し、不良の温床とされたからである。

とにもかくにも、老いも若きも、ピコピコという電子音が奏でるゲームに夢中になったのだ。

テーブル型ゲーム機（©Tomomarusan/CC BY-SA 3.0）

家庭で遊べるファミコンの登場

ゲームセンターがすっかり定着した80年代、いよいよ日本初の家庭用ゲーム機が登場する。それは任天堂のファミリーコンピュータだ。

通称は「ファミコン」で、１９８３（昭和58）年の発売以来じわじわと人気が出て広まり、２年後に発売されたゲームソフト「スー

ファミコン（©Gleam/CC BY-SA 3.0）

パーマリオブラザーズ」の爆発的なヒットで売り上げを伸ばした。

　ファミコン本体の価格は約１万５０００円、ゲームソフトは４０００～５０００円とけっして安くはなく、これを子供に買い与えるかどうかは親の教育方針に委ねられた。

　今でいえばスマートフォンのようなもので、大人は自制のきかない子供たちがファミコン中毒になるのを恐れた。

　しまいには「虚構と現実の区別がつかず、対人関係に問題がある人間になってしまうのでは」との論評も世間をにぎわせるようになる。教育とゲームの関係が注目されるようになったのもこの頃からだった。

　だがその一方で、ファミコンとそれらに続くゲーム機は日本のみならず海外でも広がりを見せ、今ではすっかり市民権を得る存在となった。

視聴率62％を超えた『おしん』

日本中の共感を呼んだドラマ

NHKの朝の連続テレビ小説といえば、『あまちゃん』や『まんぷく』など、現在でも日本の朝の日常風景となっている。

近年は、人気の高い作品でもおよそ20パーセント前後で推移している視聴率だが、過去に最高視聴率62・9パーセント、平均視聴率52・6パーセントという驚異的な記録を残した番組がある。それこそが『おしん』である。

1983（昭和58）年に放送を開始した『おしん』は、明治末期の山形県の貧しい農家に生まれた少女おしんが、さまざまな苦難を乗り越えて生きていく姿を描いている。

原作者の橋田壽賀子をはじめとした制作陣は「高度経済成長の中で現代人が見失ってしまったものを提示し、問いかけよう」という意気込みで制作にあたったという。

その狙い通り、おしんのすさまじい苦難にも負けないけなげで明るい姿は、戦後の困難を乗り越えてきた日本中の人々の共感を呼んだ。おしんの姿に、かつての自分たちの姿を重ねたのである。

おしんは、視聴者にとって単なるドラマの主人公ではなかった。

おしんが米一俵で奉公先に売られてしまったエピソードが放映されると「これでおしんを取り返してくれ」と視聴者から米俵が送られてきたり、お金が送られてきたこともあったという。

これほどまでに視聴者の心をつかんだおしんは、放映時間中は水仕事をしないので、水道の使用量が大きく減るなどの社会現象を生んだといわれている。

人気番組という枠を超えた人気を得る

国民的な人気番組となった『おしん』は、辛抱を表す流行語にもなった。

当時の中曽根総理大臣が、法案成立に向けて辛抱していくことを「おしん国会」と表現したり、野党議員が緊縮財政について「おしん予算」と発言した。

おしん人気にあやかって、各地で「おしん」の名をつけた商品も生まれている。

特におしんの故郷・山形では「おしんまんじゅう」や「おしん酒」などと並んで、貧しいおしんが幼少期に食べた「大根めし」が食堂のメニューとして登場した。

　また、山形県を流れる最上川で行われていた舟下りが「芭蕉ライン」から「おしんライン」に改名されるなど、単なる人気テレビ番組という枠を超えて、一大ムーブメントとなったのである。

　ちなみに、１９８４（昭和59）年の新語・流行語大賞では、「おしんドローム」という言葉が新語部門の金賞を受賞している。

　ちなみに「おしんドローム」というフレーズは、日本人が生み出したものではない。アメリカのＴＩＭＥ誌の記者ジェーン・コンドンが、「全国民の感情が同一にシンドローム化している」として、「おしんドローム」と名づけて誌上で紹介したのだ。

海外でも超高視聴率を記録

　おしん人気は海外にも飛び火した。海外で『おしん』を初めて放映したのはシンガポールで、視聴率はなんと日本を超える80パーセントを記録した。お隣の中国では北京で75・9パーセントを記録、90パーセントに達した地域もあった。

『おしん』は現在までにアジア、中近東、南米をはじめとした世界68の国と地域で放映されている。イラン・イラク戦争当時のイランでも放映され、最高視聴率は90パーセントを記録したという。

おしんを演じた女優小林綾子は、世界でもっとも有名な日本人の一人で、今でも海外に行くと熱狂的な歓迎を受ける。国によっては国賓級の歓待を受けたこともあるほどだという。

多チャンネル化や若者のテレビ離れという傾向もある現在では、これほどまでに国民がひとつになって熱狂する番組も生まれにくくなっているのが現実だろう。

「おしんドローム」は、テレビを囲んで家族が集う「昭和」だったからこそ生まれたシンドロームだったのかもしれない。

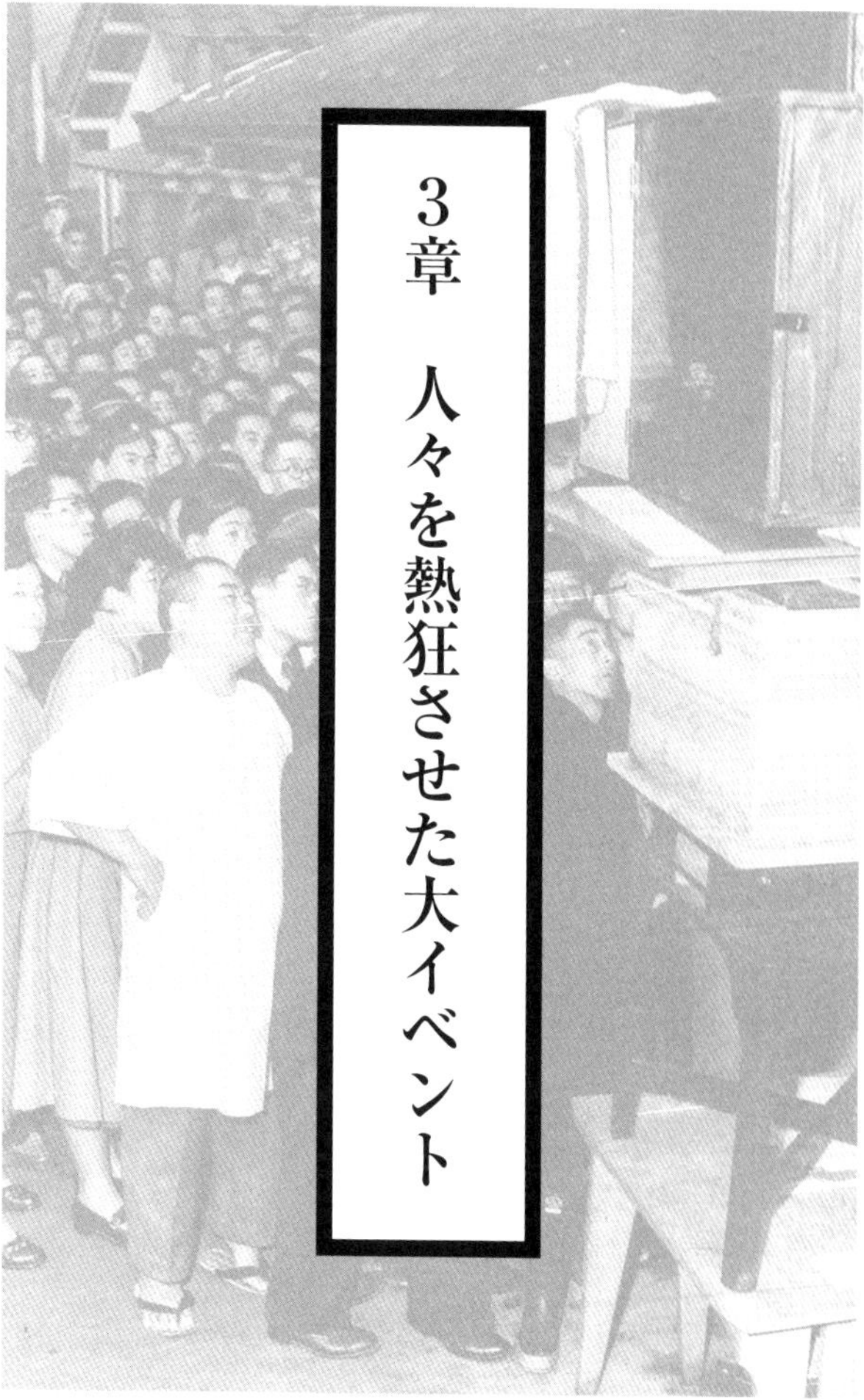

3章　人々を熱狂させた大イベント

東京タワーが完成する

すべての放送局のための電波塔

日本でテレビ放送が始まったのは、1953（昭和28）年のことだ。ところが、チャンネルを変えるたびに映りが悪くなり、テレビの上に載せた室内アンテナの向きをその都度調整しなくてはならなかった。

地デジ時代の今では信じがたい話だが、テレビが一般に普及し始めた1950年代後半は、そんな光景があちこちのお茶の間で繰り広げられていたという。

当時の在京テレビ局は局ごとにテレビ塔を建てて放送をしていたため、電波の行き届く範囲がたいへん狭かった。それもあって、アンテナの向きによって見えづらいチャンネルが出るなど何かと不都合が多かったのだ。

また、東京にはその後もテレビ局が増えることが決まっており、東京の空にテレビ塔が乱立してしまう。これは景観を損ねるばかりか、航空法上も問題があった。

そこで、各局のテレビ塔を束ねた総合電波塔である東京タワーの建設計画が持ち上がったのである。

工事開始から1年半での開業

1958（昭和33）年に開業した東京タワーはパリのエッフェル塔をしのぎ、自立型の鉄塔としては当時世界一の高さを誇った。

建設中の東京タワー（昭和33年）

その50余年後に開業することになる東京スカイツリーは、東京近辺のかつての呼び名である「武蔵」の響きにちなんで634メートルの高さになった。

ちなみに、東京タワーの333メートルという数字は、開業年の昭和33年にちなんだわけではなく、偶然一致しただけだったという。

関東一円に電波を送るため、テレビ塔として必要な高さを計算した結果導き出されたのがこの高さだったのだ。

建設計画がまとまったのが1956（昭和31）年で、実際の工事は翌年に始まっている。建設地となった港区の芝公園ではとび職人や塗装工などのべ21万人を超える関係者が連日フル稼働し、わずか1年半で開業にこぎつけた。

地上250メートルの特別展望台のさらに上に組み込まれた鉄骨には、工事に携わった人々を代表して97人の名前が刻まれたプレートが今も貼りつけられている。

「昭和塔」という名前だったかもしれない？

じつは、東京タワーはまったく別の名前になるはずだったという話がある。

世界一となる新しいタワーの名前は一般から募集され、わずか20日で8万件以上の応募があった。子供も大人も、日に日に組み上がっていくマンモステレビ塔の完成を心待ちにしていたのだろう。

そして、開業を2ヵ月後に控えたある日、審査会が開かれて塔の愛称が決まることになった。

もっとも多く応募があった名前は「昭和塔」で、次いで「日本塔」「平和塔」と続く。応募の数でいえば「東京タワー」は選ばれるはずはなかったのだ。

そんなとき、選定委員の一人だった徳川夢声が東京タワーを強く推し、満場一致で決まる。

全国から集められたとび職人が命綱もつけずに建設にあたった。

徳川夢声といえばサイレント映画の弁士で、当時はテレビやラジオでも人気者だったという。今でいうなら、好感度ランキングの上位に毎年名を連ねるマルチタレントといったところだろうか。そんな〝時の人〟のひと声が、東京、そして日本が世界に誇ることになる新名所の名を決めたのである。

「東京タワー」の名前に応募した

完成当時の東京タワー

およそ２００人から抽選で小学生の女の子が選ばれ、賞金10万円が渡された。

そして、東京タワーは１９５８（昭和33）年12月23日についに開業の日を迎える。当日は報道陣が詰めかけ、切符売り場には早朝から長蛇の列ができた。その日だけで2万人もの見学客が押し寄せたという。

入場料は大人が１２０円、中学生以下は50円。映画館の入館料が１００円の時代である。けっして安くはないものの、世界一の景色は庶民にとって手の届かない金額ではなかったようだ。

皇太子ご夫妻のご成婚パレード

テレビで中継されたご成婚パレード

およそ8キロメートル、50分あまりの馬車でのパレードを祝福するために、沿道は53万人もの人々で埋まった――。

1959（昭和34）年、明仁皇太子殿下と正田美智子さんのご成婚は戦後の日本にこれ以上ない祝賀ムードをもたらした。民放テレビの開局もこの世紀の祭典にあわせて相次いだことから、この年のテレビの販売台数は200万台と前年の倍にまでふくらんだという。

ご婚約からご成婚までのおよそ2年間は、日本中が空前のミッチー・ブームに沸いたのである。

イギリス王室のウィリアム王子と結婚したキャサリン妃が、その楚々とした美しさやファッションセンスで注目を集めたのは記憶に新しい。

しかし、当時の美智子妃殿下の人気はそれ以上だったかもしれない。正田美智子さんは日清製粉の社長令嬢だった。つまり、皇族や華族の出身者から結婚相手を選んでいた慣例を打ち破り、史上初めて民間から皇室に嫁いだのである。

妃殿下グッズが大流行する

ご成婚の前年に婚約が正式に発表されると、おふたりの軽井沢のテニスコートでの出会いは「テニスコートの恋」といわれた。

「自由恋愛による民間からの皇太子妃誕生」と新聞各紙はこぞって書きたてた。出会いがテニスコートということもあって、当時美智子さんが身に着けていたヘアバンドやVネックのカーディガンは若い女性の間で大流行となる。

百貨店にはパールのネックレスや白のコートといったミッチースタイルに欠かせないアイテムが次々と並んだのだ。

そうしてついに迎えた1959(昭和34)年4月10日のご成婚当日、国民の目はテレビに釘づけになった。

挙式後に皇居から東宮御所まで行われたパレードはNHKや民放各局で生中継され、

ご成婚パレードの様子。皇居から出発した馬車行列は約50分かけて東宮御所に到着した。

馬車の上から手を振って微笑む若いおふたりの姿は、1000台ものテレビカメラでつぶさにとらえられたのだ。

こうして日本のテレビ局、視聴者ともに初めて体験した大規模な生中継は、ご成婚のわずか5日後にニュース映画として劇場公開されたというから、当時のミッチー人気がうかがい知れる。

高速道路が開通する

日本初の高速道路は名神高速

年間およそ９０００万台の車が行き交う名神高速道路は、愛知県小牧インターチェンジと兵庫県の西宮インターチェンジを結ぶ日本の大動脈のひとつだ。全長は約１９０キロメートル、日本の東西の物流を支える要となっている。

この名神高速こそ、日本で初めて正式に開通した高速道路である。諸外国に比べ舗装道路が圧倒的に少なく、事故や車の立ち往生が少なくなかった戦後の日本の道路事情を一変させ、高速道路網が広がるきっかけになったのもこの道だった。

東名高速は着工が遅れる

戦後の復興に欠かせない大都市間での人とモノの移動を円滑にすべく、１９５６（昭

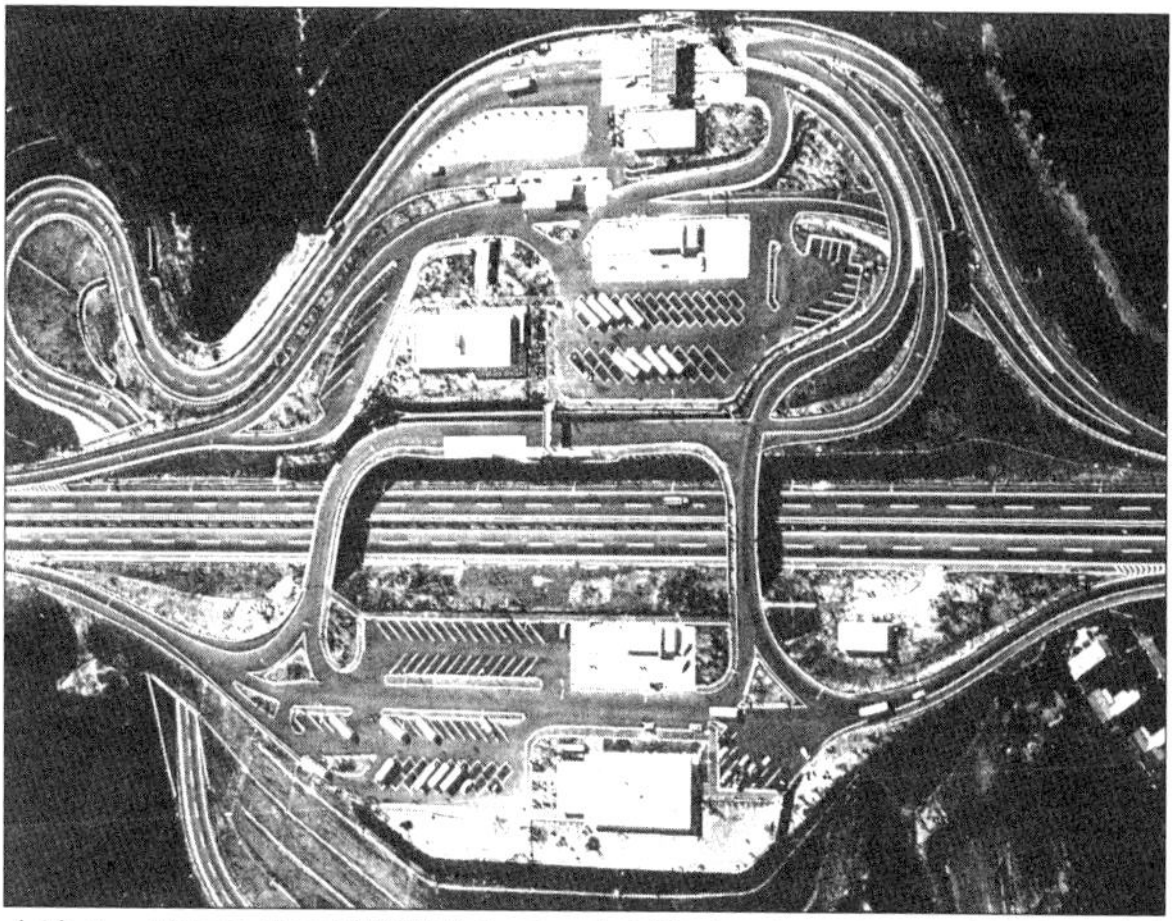

大津サービスエリアが併設されている大津インターチェンジ(昭和38年)

和31)年に日本道路公団が設立される。そして、その翌年には高速道路網の大構想が立ちあがった。

当時の東京の人口はすでに1000万人に迫る勢いで、大阪も500万人を超える大都市だったが、東京から大阪まで車で移動しようとすると3日もかかっていた。

そこで、いの一番で計画されたのが、東京から名古屋を経て大阪を結ぶ高速道路だった。

ところが、東京から名古屋へのルート選びで議論が紛糾してしまう。工事が名古屋より西から始まったのはそのためである。

1957(昭和32)年、工事は現在

の滋賀県の大津サービスエリア付近で始まった。

その起工地となった場所には、高速道路上の中央分離帯と道路脇に「名神起工の地」と刻まれた石碑が建てられている。

ちなみに、大津サービスエリアにも「名神起工の地」を紹介する案内板が設けられている。

大津サービスエリアは日本で最初につくられたサービスエリアで、名神高速が部分開通した年の10月にオープンしている。

日本最大の湖、琵琶湖を一望できる場所にあるこのサービスエリアは、オープン当初から多くのドライバーでにぎわった。

難航したトンネル工事

日本で誰も経験したことのない高速道路の建設には、問題が山積みだった。

工事の難所も点在したが、特に大阪府と京都府の境にある天王山のトンネル掘削は関係者を悩ませたという。

当初の計画では、道路は天王山を迂回することになっていたのだが、建設予定地に接するサントリーのウイスキー工場がこれに異を唱えたため、結局天王山を通る1・4キロメートルのトンネルを掘ることが決まった。

ところが山の地盤が予想外に軟弱だったため、掘り始めたトンネルは早々に崩れ、山肌には亀裂が走り、現場は騒然となった。

このピンチを救ったのが、当時アメリカの高層建築で使われていたH形の強力な鋼材であるH鋼だった。

H鋼は、1968(昭和43)年に日本で初めてオープンした超高層ビル・霞が関ビルの建設でも大量に使われた軽くて丈夫な鉄鋼だ。

そのH鋼が、トンネル工事に適した特注のアーチ型で用意された。この新建材が見事に落盤を防ぎ、天王山のトンネル工事は無事に完了したのである。

こうして名神高速道路は1965

開業当時、速度が遅すぎて違反となった車

（昭和40）年に全線開通にこぎつけたのだ。

総建設費が1140億円を超える大工事だったが、日本初の高速道路がその後の物流や自動車生産に大きな影響を与えたことはいうまでもない。

しかし、時速100キロメートルでの走行は人にも自動車にも未知の世界だった。高速走行に耐えられずオーバーヒートして故障する車が出る一方で、景色見たさに時速80キロメートルに満たない〝低速運転〟の交通違反による取り締まりが後を絶たなかったという。

新幹線が開通する

天皇陛下も驚いた夢の超特急

東京オリンピックの開幕を9日後に控えた1964（昭和39）年10月1日の早朝、東京駅ではひと足早く歓喜の声が上がっていた。

まだ薄暗いなか、19番ホームに煌々とライトがたかれ、東海道新幹線「ひかり」の出発式が行われたのである。

当時の石田国鉄総裁によるテープカットで、ひかり1号は定刻の午前6時に新大阪駅に向けて、同時に新大阪駅からはひかり2号が東京駅に向けて出発した。

ホームは関係者や報道陣、見物客であふれ返り、東京―新大阪間の約550キロメートルを時速210キロメートル、3時間10分でつなぐ夢の超特急はついに現実のものになったのである。

国鉄本社での開業式でお言葉を述べられた昭和天皇は、初めて乗車された新幹線のあまりのスピードに驚き、「避けえずに運転台にあたりたる雀のあとのまどにのこれり」という歌を詠まれたほどだった。

その後も新幹線ブームは続き、一番列車の運転士はこの年のNHK紅白歌合戦にも出演し、一躍時の人になっている。

もっとも、当初1年ほどの間、ひかりは新大阪まで4時間を要していた。

これは線路の敷設工事が開業直前まで続いたことにより、線路や路盤が安定するまで安全のために数ヵ所の徐行区間を設けたためだ。その間、最高時速は200キロメートルに制限されていた。

愛称への応募数は56万通

列車の愛称は開業前に公募され、集まった56万通の応募の中からもっとも多かった「ひかり」に決まった。

特急を使っても6時間以上かかっていた東京―新大阪間がおよそ半分の時間で移動できるようになるのだ。56万通という応募数でもわかるように、人々の期待はいやがうえにも増すばかりだった。

東京駅を出発する「ひかり」第１号を背に行われたテープカットの様子

開業時の特急料金は在来線の特急のおよそ1・6倍に設定され、東京から新大阪までの運賃は合計２４８０円になった。当時はタクシーの初乗り運賃が１００円というから、けっして手頃な料金ではない。

とはいえ、東京と大阪を結ぶ飛行機の半値以下で利用することができたため、大人気になった。

しかし、あまりに多くの乗客が押し寄せたがためにトラブルも発生した。

じつは開業当時は自由席はなく、全席指定だった。そのため、あまりの行列に手作業の発券が追いつかずに空席のまま列車が発車してしまうこともあったという。

意外な面での「世界一」

丸い先頭部分のユニークな雰囲気から、のちに〝団子鼻〟と親しまれるようになるひかりは、1980年代までにじつに3000車両以上が生産された。

開業当初は世界一の速さでその名を知らしめたひかりだったが、もうひとつの分野でも世界一だった。それは乗客のふん尿の処理だ。

今でこそ一般的な仕様だが、車両の下に汚水タンクを設けて乗客のふん尿をためるようにした本格的な車両は当時ほとんどなかった。

線路に垂れ流すスタイルが当たり前だった当時の列車にあって、日本はもちろん世界的にもほとんど類を見ない設備だったという。

東京オリンピックが開催される

戦前からの悲願だった東京開催

アジアで初めてとなる東京オリンピックは、1964（昭和39）年の10月、華々しく開幕した。

この東京でのオリンピック開催は、日本の悲願だった。じつは、1940（昭和15）年の第12回大会の時に一度、東京オリンピックの開催は決定していた。メイン会場は世田谷の駒沢公園になる予定だった。

ところが、当時は日中戦争の影響により断念せざるを得なかった。

それから時を経て、第18回大会で再び東京に五輪開催のチャンスが巡ってきた。

敗戦から20年も経っていないこの時期、国を挙げた一大スポーツイベントの開催は国内外に日本の復興と発展を見せつける、またとないチャンスだった。

そして、日本は国民一丸となって選手村や競技場の建設、新幹線をはじめとする交通網などインフラの整備を短期間で進め、15日間におよぶスポーツの祭典をやってのけたのである。

本当は「五月晴れ」の五輪だった？

日本のオリンピック組織委員会では当初、晴天が多いという理由から5月の開催を希望していた。

ところが、5月では長い冬が終わったばかりで満足な練習期間がとれないとソ連や北欧諸国の猛反発を受けたため、最終的に秋に開催することになったという裏話がある。

もしも予定通り5月に東京オリンピックが開催されていたら、NHKのアナウンサーによる「世界中の青空を全部東京に持ってきてしまったような、素晴らしい秋日和」という名実況は、おそらく後半が「素晴らしい五月晴れ」となっていたことだろう。

10月10日に行われた開会式では、澄み切った秋空に平和の象徴として8000羽もの鳩が放たれ、航空自衛隊の戦闘機編隊ブルーインパルスが祝賀飛行を行った。

メインスタジアムとなった国立霞ヶ丘陸上競技場に集まった選手や関係者、観客ら7万2000人と、テレビの前で日の丸の小旗を握りしめた6500万人の視聴者は、

見物人の目前を走り抜ける聖火ランナー

上空に描かれたオリンピックカラーの5色の輪に驚かされた。

日本中が見守った東洋の魔女の大活躍

東京オリンピックでの日本の金メダル獲得数は16個と、参加した93の国と地域の中でアメリカ、ソ連に次いで第3位となった。

4年前のローマ大会ではわずかに4個だったというから、開催国として面目躍如たる結果だったといえよう。

なかでも、〝東洋の魔女〟と恐れられた女子バレーボール代表の強さは圧倒的だった。

女子バレーは6チームの間で争われたが、日本は外国人選手との体格差をものともせず、回転レシーブを武器に鉄壁の守備で勝負を挑んだ。そして、落としたのはわずかに1セットだけという見事な試合結果で最終戦にまで勝ち進んだのだ。

ソ連との間で繰り広げられた最終戦も日本は終始リードを保ち、最終セットこそ接戦になったものの、ついに1セットも落とすことなく3―0の完勝で金メダルを手にしたのである。

実況アナウンサーが「金メダルポイント！」と何度も絶叫したテレビ中継は、瞬間最高視聴率が85パーセントに達したという。

戦後、日本の一般家庭に広くテレビを普及させたのは、1959（昭和34）年の皇太子のご成婚（77ページ参照）と、この東京オリンピックの2つの国民的イベントだといわれる。

とはいえ、1959（昭和34）年のテレビの世帯普及率はおよそ23パーセントと、実際には全世帯の4分の1にも満たなかった。これが、オリンピックイヤーになると8割以上の家庭にテレビが普及していたのである。

日本で初めて開催されたオリンピックは、テレビという新しいメディアの力も借りて日本国民を熱狂の渦に巻き込んだのだ。

ザ・ビートルズの来日

世界的ロックスターの来日

日本の総人口が初めて1億人を突破した1966（昭和41）年。この年の6月29日、デビューからわずか3年で2億枚のレコードを売り上げた世界的ロックバンド「ザ・ビートルズ」がついに来日を果たした。

彼らを乗せた日本航空の専用機は、当初、前日の28日の午後5時頃に羽田空港に到着する予定だった。ところが、折りからの台風の影響で飛行機は遅れに遅れてしまう。結局、着いたのは午前3時すぎだった。

未明の到着にもかかわらず空港には厳戒態勢が敷かれたが、そんなピリピリしたムードを吹き飛ばしたのは、タラップを降りてきた4人のメンバーの笑顔だった。「JAL」と書かれた法被を着た彼らの姿を収めた映像はあまりにも有名である。

羽田空港を後にしたメンバーは東京都千代田区にあった都内屈指の高級ホテル、東京

特別機で来日したビートルズ（写真提供：産経新聞社）

ヒルトンホテルに直行し、その日の午後に行われた記者会見に臨んだ。

200人を超える報道陣が集まった記者会見では、色とりどりの衣装を着込んだ4人の英国青年たちにさまざまな質問が飛ぶ。

「名声も富も得て、次に何を望みますか?」との質問に対して、上下ピンクのスーツで現れたジョン・レノンは「平和」と答えたという。

立ってはいけなかったコンサート

ビートルズの最初で最後となった来日公演は超過密スケジュールが組まれ、記者会見の翌日にはメンバーは日本武道館のステージで演奏を披露していた。

コンサートは6月30日の夜の公演を皮切りに、7月1日と2日の昼夜あわせて計5回開催されている。

しかも、このステージこそが日本武道館で初めて行われたロックコンサートだった。これ以降、日本武道館は〝ロックの殿堂〟となったのだ。

コンサートのチケットは抽選で販売され、5回の公演で用意されたのは5万枚のチケットだった。ところが、その応募総数たるや20万件を超えてしまう。

チケットを手にできなかった熱狂的なファンがホテルやコンサート会場に殺到し、警備の警察官と押し問答を繰り返した。

ホテルの周辺には「ビートルズはファンの方とは会いません。すぐお帰り下さい」と書かれた立て札が立ち、集まったファンは次々と押し返されたという。

コンサートも物々しい雰囲気の中で行われ、会場の内外には1万人の観客に対して3000人の警察官が配備されるほどだった。6500人もの若者が補導されたという話も残っている。

観客はステージをぐるりと取り囲むスタンド席にのみ入ることが許され、さらに安全を理由に演奏中に席を立って観覧することをいっさい禁じられていたのである。

ロックコンサートのイメージとは異なる比較的静かな空気の中で、ビートルズのメンバーは『ロック・アンド・ロール・ミュージック』『イエスタデイ』など全11曲、わずか30分の演奏を行った。

その4年後にポール・マッカートニーが脱退を表明し、1960年代の終焉とともにビートルズは解散。メンバーはそれぞれソロアーティストとして活躍していくことになる。

メンバーがそろって日本の地を踏むことは二度となく、わずか3日間の武道館公演は〝伝説のコンサート〟になったのだ。

大阪万博が開催される

6400万人が会場に訪れる

わずか1日で83万人もの人が押し寄せたイベントが、今からおよそ50年前に日本で開催されている。

この数字は、1970（昭和45）年に大阪で開かれた万国博覧会で記録された1日の最高入場者数である。

「人類の進歩と調和」をテーマにおよそ半年間にわたって開催された日本初の万博には、会期中に世界各国から6400万人もの人々が訪れている。

まさに、世界の目が日本に向けられた瞬間だった。

ちなみにこの記録は、2010（平成22）年の上海万博で破られるまで世界の万博史上ナンバーワンの記録を誇っていた。

大阪万博では330ヘクタールと、甲子園球場のおよそ83個分の広大な敷地に70を超える国や地域の国際館と企業館などのパビリオンが立ち並んだ。

人気のパビリオンには連日長蛇の列ができた。それでも人々は最先端の科学技術やまだ見ぬ異国の文化を目の当たりにできるとあって、数時間の待ち時間も苦にすることなく並び続けたのである。

会場で観客をエスコートするコンパニオンたちの衣装もテレビや新聞でたびたび注目されている。

一番人気は「月の石」

大阪万博で特に人気のあったパビリオンが、東西両陣営の盟主が出典したアメリカ館とソ連館だった。

当時、冷戦下にあった両大国は宇宙開発をめぐって熾烈な競争を繰り広げていた。そのため、いずれのパビリオンも巨大な建物の中に宇宙船や宇宙衛星が展示された。

特に万博が開かれる前年の7月には、アメリカのアポロ11号が月面に到達し、アームストロング船長が人類で初めて月面歩行を実現させていた。

そこで、アメリカ館では月面着陸船の実物が展示され、天井には無重力状態で宙を舞う宇宙飛行士たちの等身大の人形がいくつも吊り下げられたのである。

さらに、アメリカ館で人々の視線をひときわ浴びたのが、アポロ11号が月から持ち帰ったわずか約30グラムの「月の石」だった。

その未知の物体をほんの一瞬見るために、パビリオンの前には3時間、4時間の行列が当然のように延びた。その待ち時間のあまりの長さから、万博のテーマをもじった「人類の辛抱と長蛇」という皮肉が流行したほどだ。

「月の石」(写真提供:産経新聞社)

月の石はアメリカ・ワシントン州館と日本館にも展示されていて、日本館の石はニクソン大統領から当時の佐藤栄作首相に贈られたものだった。

ちなみに、万博土産には黒砂糖でできた「月の石」が人気だったという。

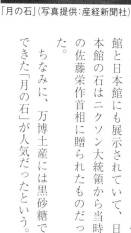

太陽の塔をジャックした男

そして万博のシンボルといえば、今も跡地の万博記念公園に残る高さ約70メートルの「太陽の塔」だろう。

芸術家の岡本太郎が手がけた巨大オブジェは、会場のメインエリアだったお祭り広場の大屋根を貫くという大胆なデザインで訪れた観客を圧倒したのである。

塔の上部には未来を象徴するゴールドの「黄金の顔」、正面には現在を象徴する「太陽の顔」、そして背中には過去を表す「黒い太陽」という3つの顔を見ることができる。岡本はカラスをモチーフにこの作品をつくり上げたという。

ところで、この太陽の塔は、開幕から2週間あまり経った頃にある事件に見舞われている。塔の上部に男が入り込み、そのままその場に居座ってしまったのである。

塔内部の非常扉から忍び込んだ赤いヘルメットに覆面姿の男は、黄金の顔の右目部分に立てこもると万博に反対する演説を始めた。

やがて〝目玉男〟と呼ばれるその男は、再三にわたる警察の説得にも応じることなく、結局8日もの間、太陽の塔を占拠してしまうのだ。ただ、万博の運営に大きな支障を来たすことがなかったのは幸いだった。

多くの話題を提供した大阪万博は、戦後の日本の旅行業界や観光業界に大きなうねりを起こしたともいわれている。

この世紀のイベントをひと目見ようと、全国から大阪をめざす万博見学ツアーも頻繁に組まれた。これが日本人の国内旅行を促すきっかけになったというのだ。

幼い日に家族に手を引かれ、大阪万博を訪れたという思い出をもつシニア世代も多いだろう。昭和の日本に鮮烈な記憶を残した183日間の祭典だった。

東京ディズニーランドが誕生

1960年代から始まっていた計画

今や平日、休日を問わずにぎわいを見せる東京ディズニーランドだが、特に混雑する日のひとつとしてファンの間で知られているのが、「グランドオープンデー」と呼ばれる4月15日だという。

千葉県浦安市に「夢と魔法の王国」が誕生したのは、1983（昭和58）年のこの日のことだった。

そんなディズニーランドの建設工事は2年半ほどで行われたが、じつはこのエリアの開発計画は1960年代から動き始めていたのだ。

ディズニーランドをはじめ東京ディズニーリゾートを運営する株式会社オリエンタルランドが設立されたのは、ディズニーランド開園のおよそ四半世紀も前、1960（昭和35）年7月のことだ。

京成電鉄と三井不動産を二大株主として立ち上がったこの会社は、浦安沖の埋め立てと大規模なレジャー施設の開発を計画する。

地元の漁業組合との交渉は難航したが、その後、千葉県から正式に工事を委託され、およそ10年をかけて埋め立て工事を完了させたのだ。現在ディズニーランドやディズニーシーがあるのは、この時に埋め立てた地域の一角だ。

アメリカ本社へ社員を派遣して、ディズニーランド誘致へと動き始めたのはこの埋め立て工事が終わった頃の話である。

ミッキーも立ち会った調印式

アメリカ本国のディズニー社の首脳陣が初めて来日し、帝国ホテルでの大々的なプレゼンテーションが行われたのは１９７４（昭和49年）のことだった。

そこから5年に及ぶ交渉の末に、両社の間で東京ディズニーランド建設と運営の契約が正式に結ばれたのだ。調印式にはミッキーマウスも立ち会っている。

工事を含め総事業費１０００億円の予算で始まった一大プロジェクトは、結局１８００億円にまでふくれ上がったものの順調に進み、１９８３（昭和58）年４月にグ

東京ディズニーランドのオープニングセレモニー（写真提供：産経新聞社）

ランドオープンを迎えることになった。

オープン当日は雨だった

オープン当日は開園前から3000人が行列をつくり、多くの報道陣を前にミッキーマウスなどおなじみのキャラクターによるテープカットやオープニングセレモニーが行われた。しかし、小雨まじりのあいにくの天気だったこともあり、その日の入場者数はスタッフが予想していたよりもはるかに少なかったという。

その後も平日はしばらくガラガラの日が続き、混雑は週末に集中した。

「過労死」という言葉が登場した1980年代のことである。企業戦士たちが平日に有給休暇をとって家族をディズニーランドに連れていく機会などそうはなかったのだろう。

また、鳴り物入りでオープンしたものの、当時は同じディズニーでもミッキーマウスよりバンビなどのキャラクターのほうが人気があったという話もある。

ミッキーマウスに会いにディズニーランドに行く、というファンは今に比べればまだ少なかったのだ。

オープン時の入場料

ところで、オープン時の気になる入場料は大人が2500円だった。

現在の1デーパスポートと比べると3分の1以下だが、当時は入園券と乗り物券が別になっていたため、その2500円はあくまで入場してパレードを楽しむためだけのものだった。

アトラクションごとに100円から400円まで5段階の乗り物券があり、これは本国のディズニーランドにならったシステムだったという。

乗り物券がセットになった「ビッグ10」などのチケットはオールドファンには懐かしいものだろう。

4章　新しい国の始まり

国際連合に加盟する

国際社会への復帰をはばむもの

1952(昭和27)年4月、サンフランシスコ平和条約の発効によって、日本は晴れて独立国家となった。

この時、各地で条約の発効を知らせるサイレンや鐘が鳴り響き、街はお祝いムードにわき返った。7月には16年ぶりにオリンピック出場も果たし、人々は国際社会へ復帰した喜びを噛みしめたのである。

ただ、日本政府にはまだ課題が残っていた。国際連合への加盟だ。

国連に加盟することは、世界から「平和愛好国」として認められることを意味する。日本はすぐに申請を出したのだが、ことはそう簡単に運ばなかった。ソ連という大きな壁が目の前に立ちふさがったのである。

ソ連に対する焦り

国連の加盟には、アメリカ・イギリス・フランス・中国・ソ連の常任理事国５カ国の承認が必要だった。しかしソ連は拒否権を使い、日本の加盟を認めなかったのである。原因はサンフランシスコ平和条約にある。この条約は、アメリカをはじめとした西側諸国と結んだ単独講和だ。すべての国を対象とした全面講和は難しいと考えた、当時の吉田茂首相の判断だった。

当然、ここに含まれないソ連とは国交が途絶えていた。実際に戦闘は行われていないものの、法律上はまだ戦争状態が続いていたのである。

じつは、日ソの国交回復は国民にとっても重大な問題だった。戦争は終結していないという理由で、数多くの日本人がシベリアで捕虜になったままだったからだ。

国交がないせいで捕虜についての情報も少なく、彼らがいつ帰ってくるのか、生きているのかどうかさえわからない。残された家族は不安を抱え、焦りを募らせていた。

そんな状況のなかで政権を引き継いだ鳩山一郎首相は、ソ連と平和条約を結ぶべく、交渉に乗り出す。首相に対する世間の期待は高く、新聞もこぞって応援する記事を載せた。

北方領土問題で対立する

日本がもろもろの問題を解決したい一方、ソ連も国際的に開かれた国家であることをアピールしたかったのか、交渉には前向きだった。

しかし、一点だけはどうしても妥協点を見い出せなかった。それは北方領土問題だ。ソ連が「二島なら返還する」といえば、日本は「四島すべてでなければ駄目だ」と首を横に振る。両者の主張は対立し、一時は交渉が中断したほどである。

だが、戦争状態を終わらせ、国交を回復したい気持ちはどちらも同じだ。北方領土を除けば、歩み寄れる部分は多い。ソ連側からは平和条約を結んだあと、歯舞と色丹の二島を返還するという提案もあった。

そこで日本はこの提案を受け入れ、領土問題をいったん棚上げにしたまま「日ソ共同宣言」を成立させたのである。

こうしてソ連と国交を回復した日本は、1956（昭和31）年にようやく国連への加盟が認められた。申請を出してから4年もの月日が経っていた。

久しぶりに国連の議席についた日本代表団(昭和31年)

いまだ結ばれない平和条約

1933(昭和8)年に国際連盟を脱退して以来、日本は23年ぶりに世界の国々が集まる場に復帰した。

ソ連との国交も再開されたが、北方領土問題は今も揉め続けている。

交渉は続いているものの、四島返還はもとより、かつて約束していた二島の返還すらほど遠いのが現実だ。

この問題が解決していないため、戦後75年を過ぎ、ソ連が崩壊した現在でも、日本とロシアの間に平和条約は結ばれていない。

自衛隊が発足する

近隣で起きた戦争

戦争で焼け野原になった日本では産業が停滞し、人々は厳しい不況の中で生きることを強いられることになった。

もちろん終戦から時間が経つにつれ、少しずつ回復の兆しは見えてきてはいたが、日本全体がまだまだ貧しい状況であることに変わりはなかった。

そんな日本経済を爆発的に発展させるきっかけになったのは、朝鮮戦争の勃発だった。

戦闘の舞台となった朝鮮半島は、日本の目と鼻の先にある。そのため、在日アメリカ軍は必要な物資を日本で調達したのだ。

戦地で強大な経済力を持つアメリカは、軍需品に使える資材や食料、医薬品など、さまざまなものを大量に買いつけた。これがまさに〝特需〟を巻き起こした。隣国で起きた戦争が、皮肉にも弱りきっていた日本経済を活気づける結果になったのである。

最初にできたのは警察予備隊

朝鮮戦争は日本にもうひとつ重要な転機をもたらしている。自衛隊の誕生だ。

もっとも、一足飛びに自衛隊ができたわけではない。朝鮮戦争が始まった1950（昭和25）年にまず「警察予備隊」が組織され、2年後には「保安隊」と名称が改められた。人員も7万5000人から11万人に増強されている。

警察予備隊に関しては、国民の中にも賛否両論があった。ただ、この頃は働き口を見つけることが難しく、街に失業者があふれかえっていた時期でもある。そんな彼らにとって、衣食住つきで月給が5000円、2年間勤めれば退職金が6万円もらえるという条件は、なかなか魅力的だったに違いない。

警察予備隊の募集に応えて応募に来た人々。競争率は非常に高かった。

そのせいか、7万5000人の募集に対して約5倍もの人々が応募したという。採用試験の競争率はかなり高かったのだ。

日米の思惑の間にできた組織

戦後制定された日本国憲法では、戦争の放棄を謳い、武力の保有を禁止している。そのため、当初から「憲法に違反するのではないか」「あれは軍隊ではないか」と疑問視する声が上がっていた。

もしも徴兵制が復活したら、真っ先にターゲットになるのは若者だ。そうした不安に駆られてか、なかには抗議行動を起こす大学生もいた。

それに対して政府は、憲法が禁じているのは国際紛争を解決する手段としての武力であって、自国を守る活動まで禁止してはいないと主張した。

軍隊でないことを強調するため、戦車は特車、軍艦は警備船と言い換えられた。さらに、発足当初は旧日本軍の軍人は対象からはずされ、素人ばかりが集められた（のちに条件が緩められ、軍人の参加も認められている）。

そして1954（昭和29）年、陸上・海上・航空の3部隊を備えた自衛隊が発足する。

陸上自衛隊の発足記念行進

この3つを合計するとおよそ25万人という大組織に生まれ変わったのである。

自衛隊が発足した背景には、日米の思惑が複雑にからんでいたといえる。

当時、アメリカは日本に駐留していた7万5000人のアメリカ軍兵士を朝鮮半島へ送り込んだ。すると、日本国内には軍隊がいない状態になってしまう。その隙にソ連が攻め込んできたら、あるいは日本の共産主義者が反乱を起こしたら、すぐには対応できない。

そこで、不在になるアメリカ軍の穴を埋めようと、GHQの司令官だったマッカーサーは、警察予備隊の設立を許可すると日本側に伝えたのだ。許可といっても実際は命令だった。

戦後、冷戦が勃発すると、アメリカは日本を西側に取り込みたかった。そうすれば、地理的にもソ連や中国といった共産圏を牽制できるからだ。

講和条約の交渉を重ねるなかで、アメリカは日本がそれなりの力を備えることを求めた。徹底的に日本に武装解除させた当のアメリカが、今度は再軍備を要請してきたわけである。

当時の吉田茂首相は「再軍備は無理だ、日本にそんな余裕はない」と抵抗したが、講和を結ばなければ独立も果たせない。結局、国防を目的とした部隊を創設することで双方が折り合いをつけたのだ。

南極観測船「宗谷《そうや》」が出航する

人々の思いが国を動かす

1956（昭和31）年11月8日、東京の晴海埠頭には1万人もの人々が集まっていた。南極観測船「宗谷」を見送るためだ。

当初、日本が南極へ行くのはまだ無理だと思われていた。そのため、政府は金を出し渋っていた。

しかし、南極観測は敗戦で自信を失った国民の希望になると、朝日新聞がいち早く協力を申し出て1億円を寄付し、新聞でも大々的にキャンペーンを行ったのである。

支援の輪はたちまち全国に広がり、子供たちまでが小遣いを握りしめて募金をした。

そんな人々の熱い思いが政府を動かした。南極観測は正式に国のプロジェクトとなったのである。

スクラップ寸前の船をよみがえらせる

南極観測計画を実現させようとみんなが奮い立ったものの、実現は容易ではなかった。日本が観測を担当することになった地域は、接岸不能といわれるほど厚い氷に囲まれている。たどり着くためには強力な砕氷船が必要になるが、手に入ったのはスクラップ寸前の宗谷だった。

そこで、かつて戦艦大和を手がけた設計者たちによって、砕氷船《さいひょうせん》への大改造が始まった。

手間がかかるのに工費は安く、期間は短いという面倒な仕事を受けたのは、職人の腕だけが頼りという小さな造船所だった。

予想外の水漏れが多発するなか、職人たちは寝る間も惜しんで改造に挑んだ。

また、機械類が圧倒的に足りなかったが、企業に協力を呼びかけると、1000社以上が物資の提供に応じた。

その中には、若き日の本田宗一郎や井深大、盛田昭夫（167ページ参照）らもいた。

国家予算が1兆円に届かない時代に、個人からの寄付も1800万円を超えた。まさに、国民が一丸となって南極観測隊を応援したのだ。

宗谷の出航の様子。この3カ月後に南極に到着した。

こうして見違える姿に生まれ変わった宗谷は、第1次南極観測隊と国民の夢を乗せて旅立ったのである。

完成した昭和基地で11人が越冬する

翌年1月、宗谷はもう氷を割って進めない地点に達した。そのため、ヘリコプターなどで視察を行い、宗谷が接岸した地点から約25キロ先のオングル島に基地を建設することが決まる。

南極上陸のニュースは日本にも伝えられ、日本中で喜びの声が上がった。

さっそくオングル島への物資の輸送が始まったが、途中には水たまりや氷の割れ目があり思うように進めない。全員が

タロとジロ。２匹の生存に日本人はわき返った。

総出でルートを整え、なんとか輸送時間の短縮に成功した。

建物の建設も進められ、通信棟、発電棟、主屋棟が建ち、ようやく昭和基地が完成したのである。この昭和基地で11人の隊員が越冬した。十分な機材がないなか、それでも彼らは気象、オーロラ、宇宙線などの観測を続けた。

生きていたタロとジロ

第１次観測隊の帰国から半年後には第２次観測隊が出発したが、彼らが直面した環境は第１次隊よりもさらに過酷だった。

氷に閉じこめられて40日も足止めを食ったかと思えば、やっと抜け出したあとも悪天候に阻まれ、なかなか基地に近づけない。

結局、宗谷から飛ばした飛行機で第１次の越冬隊員を救出するのが精一杯で、第２次観測隊の南極上陸はかなわなかったのだ。

この時、隊員と一緒に越冬した15匹のカラフト犬は置き去りにせざるを得なかった。

ところが、1年後の第3次観測隊が目にしたのは、たくましく生き続けていた2匹の犬、タロとジロの姿だったのだ。この奇跡のような出来事に、日本中がまたわき返った。

その後、ジロは南極で越冬中に死亡したが、無事に帰国を果たしたタロは1970（昭和45）年まで生き続けたのだ。

黒部ダムが完成する

経済の復興によって生まれた電力需要

1950年代に入り、日本経済は本格的に復興し始めた。好景気のおかげで日本中が活気づいていたが、関西地方はその波に乗り切れずにいた。経済復興に欠かせない電力が不足していたからだ。

たびたび起きる停電に庶民はうんざりしていたが、大量の電力を必要とする製造業にとっては問題はさらに深刻だった。電力不足の影響で、週に2日は機械を止めなければならなかったのだ。

こんな状態では、関西だけが発展から取り残されてしまう。焦りといらだちが苦情となって関西電力に押し寄せた。

ただ、当時の状況では発電所をフル稼働しても、増え続ける消費電力に追いつけない。そのため、関西電力は新たに黒部川第四発電所と黒部ダム、通称「黒四ダム」の建設を

建設中の黒部ダム(資料提供:関西電力株式会社)

決めた。

黒四という名の通り、黒部川にはすでに3つの発電所があった。上流にいくほど山は険しく、工事は難しくなる。かつてない難工事とされた黒三より、黒四の建設地はもっと上流だった。

工期は7年に設定された。当時の発電力で持ちこたえられるのは、それがギリギリのラインだったのである。

「破砕帯」との激闘

建設地は、ほとんど道もないような山中である。

そのため、最初の1年は建設機械と資材を運ぶためのルート造りにあてられた。北アル

破砕帯に遭遇した際の様子（資料提供：関西電力株式会社）

プスの下を貫く5・4キロメートルのトンネル工事からのスタートだった。

1000人の作業員が24時間体制でひたすらトンネルを掘った。スピードもどんどん上がっていき、すべてが順調にみえた。

だが、黒部の自然は甘くなかった。3分の1あたりまで進むと、破砕帯にぶつかったのだ。

破砕帯とは、地下水がしみ込んで岩盤がもろくなっている箇所を指し、落盤が起きやすい。現場には緊張が走った。

不安は的中し、トンネル内の岩がどっと崩れ、地下水が噴き出してきた。

懸命にかき出しても、翌日にはまた土砂と水があふれている。1センチも進めない無力感と落盤への恐怖で、作業員の半分が去っていった。世間では、ダム工事は中止かという噂も飛び交った。

しかし、冬になると今度は自然が彼らに味方した。厳しい寒さで水が凍り、掘り進めるようになったのである。

破砕帯との闘いは、およそ7ヵ月に及んだ。ようやくトンネルが開通した時には、着工から1年10ヵ月が経っていた。

1000万人が関わった大事業

一方、ダム本体の建設現場でも、トンネル工事と平行して準備が進められていた。少しでも時間を短縮しようと、人力で可能な限りの資材を運び込んでおいたのだ。

とはいえ、大型資材の搬入はトンネル開通を待たねばならなかったため、トンネル工事で生じた遅れを取り戻す必要があった。

通常は大型機械で丁寧に削り取る山肌をダイナマイトで一気に吹き飛ばし、400トンものコンクリートを打ち込み続ける。誰もがタイムリミットと闘いながら、体力の限界を超えて働いたのである。

そして1963（昭和38）年、ついに黒四ダムは完成する。貯水量2億トンという日本最大のアーチ型ダムだ。

竣工式では名前にちなんで964発の花火が上がり、バンザイの声が響いた。作業員たちの顔は満足感に満ちていた。

当初15万4000キロワットだった発電量は、10年後には倍以上に増えた。

黒四ダムは、のべ1000万人が関わった世紀の大事業だ。工事中は川の増水や雪崩といった自然災害にも見舞われ、ダム建設全体を通して171人が犠牲になっている。

そんな過酷な状況にあっても、作業員たちは7年という工期をみごとに守り切ったのだ。

建国記念の日が復活する

復活を望む声にこたえてつくられる

「建国記念の日」は１９６６（昭和41）年に制定された、意外と新しい祝日だ。

もっとも、建国を祝う日は明治時代の初期からすでにあった。当時の呼び名は「紀元節」といい、名前こそ違うものの、日付は今と同じ2月11日である。『日本書紀』に記されている神武天皇が即位した日を太陽暦に直すと、この日になるという。

ところが、１９４８（昭和23）年につくられた祝日法では紀元節が消えていた。これはＧＨＱの意向を汲んだ結果だった。

従来の祝祭日を見直すようＧＨＱに求められた日本は、すぐ検討に取りかかる。

この時、もっとも苦労したのが紀元節の扱いだった。紀元節は70年以上も続いた祝日で、国民には親しみ深い。政府や通信社が行ったアンケートでも、残したいという意見が多かった。

一方、全体主義につながる恐れがあるとして国家神道を禁止する命令を出していたGHQは、紀元節を国家神道に通じるものとみなして却下したのである。

占領統治下にある日本がアメリカに逆らえるはずもなく、これを受け入れざるを得なかったのだ。

とはいえ、紀元節を復活させたいと望む声は少なくなかった。独立を果たした直後から、祝日法の改正について議論も始まっている。

ただ、なかなか決着がつかず、国会では何度も審議が繰り返された。日付を変更する案も出たが、最終的には国民の半数以上が支持する2月11日に落ち着いたのだ。

こうしてかつての紀元節は、建国記念の日として復活したのである。

沖縄が本土に復帰する

アメリカの占領が続いた沖縄

１９５２（昭和27）年、サンフランシスコ平和条約によって日本は主権を回復した。同年の4月28日の発効の日、日本には喜びと解放感が満ちあふれた。

しかし、それですべての問題が解決したわけではない。国土の一部はアメリカ軍の占領が続くことになったためだ。

奄美群島は１９５３（昭和28）年、小笠原諸島は１９６８（昭和43）年に本土に復帰したが、沖縄だけは１９７２（昭和47）年に至るまで、アメリカによる統治が続いた。

原因は、当時激しさを増していたアメリカとソ連との冷戦にある。

沖縄は中国や朝鮮半島、ソ連に近い。地理的に見て「太平洋のキーストーン（要石）」である沖縄を、アメリカは手放したくなかったのだ。

その結果、沖縄で流通する貨幣はドル、車は右側通行となり、本土との行き来にはパスポートが必要になった。

一定の自治は認められたものの、主権はアメリカが握っていたのである。

大きくなっていく人々の声

このような状況の中、沖縄ではしだいに祖国への復帰運動が高まっていった。

初めての大規模な抗議活動は島ぐるみ闘争と呼ばれる。

当時、アメリカ軍は基地を拡張するため、強制的に土地を借り上げていた。そして長期間の地代を一括して支払おうとしたところ、住民たちが島を上げて抗議したのである。

銀座で行われた沖縄復帰を求めるデモの様子（昭和44年）

この島ぐるみ闘争は、本土の人々にも衝撃を与えた。じつは、それまで本土ではあまり沖縄に注目していなかったのだが、これをきっかけに全国で沖縄を支援する声が上がり始めたのだ。

さらに、復帰運動は自治権の拡大へもつながった。琉球政府（当時の行政機構）のトップはアメリカが任命していたが、運動によって住民による選挙が実現したのである。当選したのは、「沖縄の即時無条件全面返還」をスローガンにした人物だった。

一方、1960年代の半ば頃からは、日本政府内でも沖縄の返還が緊急の課題としてクローズアップされてきた。

「沖縄が返還されない限り、日本の戦後は終わらない」と言って、具体的な策に乗り出したのは、当時の佐藤栄作首相である。

佐藤は1969（昭和44）年にアメリカのニクソン大統領と会談し、沖縄返還への合意を取りつけた。そして2年後には沖縄返還協定が調印され、翌年の返還が正式に決定したのである。

復帰の日の祝福と抗議

1972（昭和47）年5月15日、沖縄は27年ぶりに日本に復帰した。

日付が変わった瞬間、港では船が汽笛を上げ、工場はサイレンを鳴らした。那覇の国際通りには、復帰を祝う横断幕が掲げられた。待ちに待った日が、ようやくやってきたのだ。

この日、復帰を記念する式典が、東京の日本武道館と沖縄の那覇市民会館で開かれた。ただ、一部では抗議活動も起きている。沖縄返還は「核抜き・本土並み」が前提だった。この本土並みとは、本土と同程度にアメリカ軍基地を縮小することだと一般市民は受け止めていた。しかし、基地の大半はそのまま残されたため、沖縄や東京では集会やデモが行われた。

復帰の前後にあった混乱

ところで、本土への復帰は沖縄の暮らしに多少の混乱をもたらした。

そのひとつが通貨の変更だ。復帰後はドルではなく、本土と同じように円を使わなければならない。そのため、円とドルを交換しようという人々が押し寄せ、5月15日の通貨交換所は大混雑したという。

また、自動車も右側通行から左側通行にする必要があったが、すぐに変更するのは難しく、実施されたのは復帰から約5年後のことだった。

「所得倍増計画」が実現する

長く続いた好況と急激な経済成長

1950（昭和25）年代の半ばから日本経済は急速に発展していった。経済の動向を示す指標として当時使われていたGNP（国民総生産。現在は国内総生産「GDP」を使う）は、1956（昭和31）年には前年を約10パーセントも上回る。この年、経済白書に記された「もはや戦後ではない」は流行語になった。復興の時代は終わりを告げ、高度経済成長がスタートしたのである。

1954〜70（昭和29〜45）年にかけて、神武景気、岩戸景気、オリンピック景気、いざなぎ景気と名づけられた好況の波が何度も押し寄せた。

景気がよくなれば給料が上がり、人々の購買意欲も刺激される。特に家電の普及は目覚ましく、白黒テレビ・洗濯機・冷蔵庫は「三種の神器」（22ページ参照）と呼ばれ、これらを持つことが庶民の憧れとなった。

けっして安い買い物ではなかったが、月賦という方法を使えば手の届かない品々ではなくなったのである。

所得倍増計画が打ち出される

1960（昭和35）年、時の池田勇人内閣は「所得倍増計画」を打ち出した。国民の所得を10年間で2倍にするというのだ。

まず、経済活動の基盤となる道路や港といったインフラを整備する。

同時に、国民には預金を呼びかけ、銀行が企業に融資しやすくする。企業はそれを元に生産を拡大する。そうすれば、労働者の賃金も上がる――。これが池田内閣が描いた計画だった。

最初の3年間の目標は年率9パーセントの経済成長である。とてつもない夢物語に見えるが、この計画が国民を大いに活気づかせたのだ。

政府のバックアップがあるのだからと、企業は生産性を上げるために設備投資をする。そこで生まれた利益をさらなる設備投資に回し、生産はどんどん拡大した。

また、給料が上がるとなれば、労働者のやる気も上がる。テレビを買いたい、マイホームを持ちたいと夢をふくらませた人々は、夜遅くまで懸命に働いたのである。

地方から都会にやってきた若者たちも大きな役割を果たした。生産性が上がるにつれて、都市部では労働力が足りなくなっていたのだ。貴重な労働力である彼らは、「金の卵」として引っ張りだこになった（12ページ参照）。こうして10年をかけて達成する予定だった所得倍増計画は、なんと4年で実現したのである。

１９６６（昭和41）年にはボーナスも出た。懐が豊かになったおかげで、消費者の購買欲はいっそうかき立てられ、三種の神器にかわって今度はカラーテレビ、クーラー、カー（自家用車）の「３Ｃ」がもてはやされるようになった。

そして１９６８（昭和43）年、日本のＧＮＰは50兆円を突破し、アメリカに次ぐ世界第２位の経済大国へとのし上がったのである。

急激な成長によるひずみ

ただ、その一方では深刻な社会問題も生まれている。

環境問題より経済の活性化が優先されたため、大気汚染や有害物質による公害被害が各地で発生した。また、人々がよりよい賃金を求めて都市に殺到したため、通勤時間帯

急激な経済成長は一方でひずみを生んだ。写真はラッシュアワーの様子で、乗客を押すための職員もいた。（昭和38年）

ともなると、電車はすさまじいラッシュに見舞われたのである。

しかも、都市部への人口流入は農業や漁業といった第一次産業を衰退させた。一家の大黒柱まで出稼ぎに行った農家では、じいちゃん・ばあちゃん・かあちゃんだけが農業を行い、「3ちゃん農業」という言葉ができた。

また、自動車の普及にともなって交通事故も増えた。信号や横断歩道など安全設備の設置が、自動車の増加に追いつかなかったのだ。

高度経済成長はこのようなひずみも社会にもたらした。とはいえ、人々の暮らしはそれまでとは比べものにならないほど豊かで便利になっていったのである。

海外への援助額が世界一になる

戦後の日本を救った海外からの資金

戦後、焼け野原になった日本にはお金がなかった。人々の生活の基盤となる設備を再建しようにも、そのための資金がないという苦しい状況だった。

そこに手を差し伸べたのは、かつての敵であったアメリカだった。

子供の栄養不足を補うために脱脂粉乳を配った話は有名だが、食料だけでなく金銭面でも多大な援助があった。それがガリオア・エロア資金である。

ガリオア資金・エロア資金とは、占領地の救済や復興支援を目的としてアメリカが立ち上げた基金だ。

日本は１９４６～51（昭和21～26）年まで、ガリオア・エロア資金からおよそ18億ドルの支援を受けた。現在の価値に直すと、なんと12兆円にも上る。

しかも、そのうちの約7割にあたる13億ドルは無償、つまり返済しなくていいお金だったのである。提供された資金はインフラの整備をはじめ、日本の復興に大いに役立った。また、日本は1953（昭和28）年からの13年間で、世界銀行から8億6290万ドルを借り入れている。

これらの資金を利用して整備されたのが、東海道新幹線や東名高速道路などである。ちなみに、世界銀行に借金を返し終えたのは1990（平成2）年のことだった。

そして現在、日本は途上国に多額のODA（政府開発援助）を行う側にある。ODAとは、開発途上国の発展を助けるために、先進国が資金や技術を提供することである。それは、戦後に受けた援助への恩返しでもあるといえる。

賠償から始まった日本のODA

日本のODAへの取り組みは、経済が回復し始めた1954（昭和29）年にスタートした。この頃は援助というよりも、戦後賠償の意味合いが強かった。したがって、対象の大半は東南アジアの国々となっている。

資金に余裕のない日本は、インフラを整備するなど、おもに技術面での協力を行った。

そのおかげか、ラオスやカンボジア、シンガポール、マレーシアは日本の賠償責任を

ガリオア・エロア資金による学校の給食を楽しむ子供たち

放棄した。

やがて賠償の意味が薄れるとともに、援助の金額は増え、中東やアフリカ、中南米へと対象地域も広がっていったのである。

ODAを行う背景には先進国としての責任もあるが、それだけではない。

その国が発展すれば、日本の製品を買ってくれる貿易相手になる。また、国際政治の場でも、日本の味方をしてくれる可能性も高まる。ODAには、そうしたメリットもあるのだ。

こうして経済力をつけた日本はどんどんODAにお金をつぎ込んでいき、1989（平成元）年にはついにアメリカを抜き、それから10年間は世界1位の援助国となったのである。

5章　昭和を動かした人々

戦後の日本を率いた吉田茂

突然回ってきた首相の座

1946（昭和21）年4月10日、日本で敗戦後初めての総選挙が行われた。女性にも初めて参政権が与えられた選挙でもある。

この選挙でもっとも多くの議席を獲得したのは、鳩山一郎党首が率いる日本自由党（のちの自由民主党）だった。

第一党の党首が総理大臣になるという慣例にしたがって鳩山首相が誕生することになったのだが、その直後にGHQから鳩山に公職追放の命が下った。

公職追放は、戦犯や軍国主義者、戦中に軍需産業の幹部だった者などが公職に就くことを禁止するものだ。

鳩山の場合は、日本の軍国主義の台頭に協力したことや、1938（昭和13）年に発行した『外遊日記　世界の顔』という本がヒトラー礼讃本とみなされたことなどが公職追放の理由となった。

突然党首を失った党では後継者選びが急がれた。そこで担ぎ出されたのが吉田茂だった。

和服姿に太い葉巻をくわえた強面の吉田は、外務大臣として初めてマッカーサーに会った時、葉巻をすすめられて「それはマニラでしょう、私はハバナしか吸いません」と断ったというエピソードの持ち主だ。

このしたたかな男が、GHQが最高権力を握る日本のかじ取りをすることになった。

GHQ占領下で新しい憲法を公布

吉田内閣が発足した1946（昭和21）年は、GHQから要求された憲法の改正が進められている真っ最中だった。

吉田は、前任の幣原内閣で外務大臣を務め、憲法の草案づくりにも関わっていたので、日本側が出した草案がことごとくマッカーサーらに拒否されていたことを知っていた。

だが吉田は、憲法草案づくりに時間をかける気はなかった。日本が急がねばならないのは、かつての敵国といち早く平和条約を結び、主権を取り戻して国際社会に復帰することだと考えていたのだ。

そうして、吉田らは戦争放棄を盛り込んだマッカーサー案をベースに修正を加え、同年の11月に新憲法を公布、翌1947（昭和22）年5月3日に施行された。

アメリカで結んだふたつの条約

首相になって5年目の1951（昭和26）年9月、吉田は池田蔵相ら5人の全権団とアメリカのサンフランシスコに向かった。第2次世界大戦の連合国51カ国と平和条約を結び、戦争状態を終結させる講和会議に出席するためだ。

そして9月8日、平和条約に調印し講和会議が閉幕すると、吉田はそのままサンフランシスコ市内のアメリカ陸軍基地に移動した。

そこで、アメリカとの安全保障条約への調印が行われることになっていたのだ。

平和条約では講和が成立すると、占領軍は速やかに占領している国から撤退することになっているが、敗戦して軍を解体された日本はアメリカの防衛力に保護される道を選んだのだ。

この時、吉田は「安保法案は不人気だ。政治家がこれに署名するのはためにならん。

日米安全保障条約にサインをする吉田

おれひとりで署名する」といって単独で調印式に臨んだ。

お金をかけずに経済を発展させる

占領下で政治を担った吉田は、敗戦国のリーダーながらしたたかだった。

戦争放棄をうたった新憲法はアメリカに押しつけられたものだが、朝鮮戦争が始まってアメリカから再軍備を要求された際には、憲法９条を理由に拒否している。

そして、自前の軍をつくらない代わりに日米安保条約で防衛力を確保してソ連や中国の脅威から身を守る。さらには、国防にお金をかけずにすんだ分、財政資源を経済に回した。

こうして日本は、世界から奇跡ともいわれた戦後の経済復興を遂げることになるのである。

昭和を歌い続けた美空ひばり

戦後の人々に響いた歌声

戦争が終わり、「欲しがりません勝つまでは」「贅沢は敵だ」などの街中に貼られていた戦意高揚のスローガンは消えた。

人々は窮屈な空気から解放されたが、戦争に負けた日本には何もなかった。

そんな何もかもに飢えていた日本に、歌のうまい少女が歌手としての活動を始めていた。加藤和枝、のちの美空ひばりである。

1937（昭和12）年に神奈川県横浜市磯子区に生まれた和枝は、幼い頃から歌が好きな子供だった。

初めて大勢の前で歌ったのは、6歳の時だった。父が横須賀の海兵団に入隊する際、壮行会で1939（昭和14）年のヒット曲『九段の母』を歌ったのだ。

すると、それを聞いた人々は感動して涙した。その光景を見て、母の喜美枝は思った。

「この子の歌は人を引きつける」

喜美枝は和枝を歌わせることにした。以来、和枝は出征兵士の壮行会や勤労動員の工場などに行っては歌を披露するようになる。

デビュー直後から大成功

1949(昭和24)年、美空ひばりの快進撃が始まった。

1月に東京・有楽町にある日劇の公演『ラブ・パレード』に出演すると、翌月には映画『のど自慢狂時代』への出演が舞い込んだ。

この映画出演で「歌のうまい子」と評判になると、8月にも映画『踊る龍宮城』に出演。劇中でも披露した主題歌『河童ブギウギ』を歌ってレコードデビューを果たす。

そして、さらに10月には主演映画『悲しき口笛』が公開され、その主題歌を吹き込んだレコードは当時の最高記録となる45万枚を売り上げた。翌年に訪れたハワイ巡業でも、連日超満員の大成功をおさめている。

もちろん、国民的な人気を得るとともにひばりの収入も増え続けた。レコードデビューした年に60万円だった年収は、わずか3年後には1200万円になっていた。

そうしてひばりは稼いだお金で家を建てた。横浜の高級住宅街に900坪近い土地を買い、建坪100坪の2階建ての御殿を建てたのだ。この時、ひばりはまだ16歳だった。ちなみに、当時の大卒の初任給は5000円だった。

「悲しき口笛」を歌う美空ひばり（写真提供：時事）

戦後史を歌い駆け抜けたひばり

かつて、劇作家の寺山修司がひばりのことを〝唄をうたう戦後史〟と表現したが、まさに美空ひばりは高度経済成長とともに成長していった。

そんなひばりを見つめる世間の目には、羨望もあれば嫉妬もあった。「ひばりちゃんばかり幸せでずるい」と、19歳の少女に塩酸をかけられるという事件も起きている。

それでも自分にはこの芸道しかないと腹をくくり、ひばりは舞台や映画で大勢のファンの喝采を浴びながら戦後の昭和を駆け抜けた。

１９７０年代以降は、弟の暴力団がらみの不祥事でバッシングを浴びたり、体調を崩して長期入院するなどしたが、ひばりファンは復活を待っていた。

そして昭和が終わりに近づいていた１９８８（昭和63）年、伝説の東京ドーム公演を成し遂げ、平成になったその年に52歳でこの世を去ったのである。

プロレスブームを生んだ力道山

突然現れたヒーロー

敗戦後、連合国軍によって7年間占領統治された日本には、〝アメリカ的〟なものが大量に流れ込んできた。

給食に出てくるパンやミルク、そしてテレビドラマに出てくる芝生がある庭つきの家や便利な電化製品など、空襲で焼け野原になった貧しい国で暮らす日本人にはすべてが憧れだった。そして、アメリカへの憧れと裏腹に、人々は日本人としての自信や誇りを失いつつあった。

そんなうつむきがちになっていた日本人の前に1954（昭和29）年2月、突然ヒーローが現れた。黒タイツ姿のプロレスラーで、名前は力道山。反則技を繰り出す悪役の白人レスラーに勇猛果敢に立ち向かい、得意の空手チョップで叩きのめす。

カナダ出身のシャープ兄弟を招いて東京の蔵前国技館で行われた日本初のプロレスの

国際試合は、まさに日本中を熱狂の渦に巻き込んだのだ。

力士から日本のプロレス界の頂点へ

力道山はもともと戦中から戦後に活躍していた力士だった。1947(昭和22)年の6月場所では優勝決定戦に出場し、2年後には関脇に昇進、1950(昭和25)年に角界を引退している。

引退後は建設会社で働いていたのだが、ある日ナイトクラブで日系アメリカ人プロレスラーのハロルド坂田とケンカになる。

だが、これがきっかけで意気投合し、プロレスラーにスカウトされたのだ。

その後、力道山は1952(昭和27)年にハワイにわたって猛特訓を受け、翌年帰国すると、大物政治家や実業家とも親交のあった興行師の永田貞雄の手助けを得て、日本プロレス協会を設立するのだ。

1954(昭和29)年2月19日、力道山と日本最強柔道家の木村政彦組VS.シャープ兄弟のNWA世界タッグ選手権が行われた。

木村が負けそうになると力道山が空手チョップの一撃で外国人レスラーを打ち倒す――

アメリカのプロレスラーのオルテガに空手チョップを浴びせる力道山(写真提供:産経新聞社)

ー。この雄姿に声援を送ることによって、日本人は内に抱えていたコンプレックスやうっぷんを晴らすかのように興奮したのだ。

さらに、シャープ兄弟との試合の10ヵ月後には、力道山と木村政彦が対戦する試合が行われた。

会場の蔵前国技館には1万5000人の観衆が詰めかけたという。

日本中が注目するなか、力道山は終始木村を圧倒し、空手チョップで木村をマットに沈めた。それは力道山が日本のプロレス界の頂点に立った瞬間でもあった。

「オレはまだ死にたくない」

戦後の日本を熱狂させ、国民的ヒーローとなった力道山だったが、その最期はあまりにも衝撃的だった。

1963（昭和38）年12月、赤坂のナイトクラブ「ニューラテンクォーター」で暴力団員とささいなことからトラブルになり、ナイフで腹を刺されたのだ。

力道山は、刺されたわき腹を押さえながら平然と席に戻り、酒を飲み続けたという。だが、出血が止まらず病院に搬送されると、その1週間後に命を落とした。

ヒーローが残した最後の言葉は、「オレはまだ死にたくない」だったという。まだ39歳という早すぎる死に、日本中が驚きに包まれたのである。

力道山を失った後、人気レスラーだったアントニオ猪木やジャイアント馬場が相次いで独立して新団体を結成し、力道山が結成した日本プロレス協会は事実上崩壊してしまった。しかしプロレス業界は、異種格闘技戦を取り入れるなどの努力でファン層を拡大し、今も多くのレスラーが活躍を続けている。

世界的映画監督になった黒澤明

黒澤に内緒で映画祭に出品される

サンフランシスコ平和条約が締結された1951（昭和26）年、日本が映画で世界から脚光を浴びる出来事が起こった。

のちに「世界のクロサワ」と称されるようになる日本映画界の巨匠、黒澤明監督の作品『羅生門』が、第12回ヴェネツィア国際映画祭でグランプリの金獅子賞を受賞したのだ。

このニュースには日本中が沸き立った。戦争に負けて連合国軍の占領国となって6年、すっかり自信を失っていた日本人は、日本映画が世界で絶賛されたことを知って熱狂したのである。

『羅生門』は1950（昭和25）年8月に国内で劇場公開された作品だったが、評価はあまり高くなかった。

その内容は、芥川龍之介の『羅生門』と『藪の中』を合体してシナリオ化したもので、人間のエゴイズムや心の善悪の葛藤を描いたものだった。

映画といえば娯楽と考えていた日本人にとっては難解で、試写会でこの映画をみた大映の社長も「わけがわからない」と言って途中で席を立ったほどだったのだ。

その年にはカンヌとヴェネツィアの国際映画祭から日本映画を出品してほしいと依頼があったのだが、大映は『羅生門』を出品することを辞退している。

そんななか、黒澤明の『羅生門』にいたく感動したイタリア人がいた。

日本映画とイタリア映画を互いの国に輸出入するために設立されたイタリアフィルム社のストラミジョーリ社長で、彼女はぜひ映画祭に『羅生門』を出品するよう大映に交渉するが、大映の重役らに反対されてしまう。

そこで、ストラミジョーリは自費を投じて英語字幕をつけ、黒澤にも内緒でヴェネツィア国際映画祭に出品したのだ。

作品の質と興行成績との天秤

当時の黒澤明といえば、日本映画界では押しも押されもせぬ名監督だった。

特に、1946（昭和21）年に三船敏郎と出会って以来、『酔いどれ天使』や『静かな

カンヌ国際映画祭でパルム・ドール（最高位賞）を受賞した黒澤明（昭和55年）（写真提供:AFP＝時事）

る決闘』などの大ヒットで成功をおさめている。

黒澤明の名前は全国に知れ渡っていて、黒澤の名をかたって若い女性に「女優にしてあげる」などと声をかける輩が出没するという事件もあったくらいだ。

しかし、『羅生門』は思ったほど興行成績が伸びなかった。

さらに、次に撮影した作品でも映画会社とトラブルになった。

黒澤が若い頃から傾倒していたロシアの文豪であるドストエフスキーの『白痴』を映画化したのだが、こだわりにこだわりすぎて4時間25分におよぶ超大作となってしまう。

製作配給会社の松竹から半分にカットせ

よと言われ、不本意ながらも2時間半にまで縮めて上映された『白痴』だったが、結局客は入らず、酷評されて失敗作の烙印が押されてしまった。

ヴェネツィア国際映画祭グランプリ受賞の吉報が届いたのは、まさにそんなどん底の時だったのだ。

日本映画を一番軽蔑していたのは日本人？

黒澤は、日本映画を一番軽蔑していたのはほかならぬ日本人で、その日本映画を外国に出してくれたのは外国人だった。これは反省する必要はないか、という趣旨のことを受賞祝賀会で述べている。

この言葉は、敗戦によって誇りを失っていた日本人の心に強く響いたに違いない。

『羅生門』の受賞によって、「クロサワ」と日本映画は世界に認められ、その後、日本映画は黄金期を迎えることになる。この世界的な評価が戦後の日本が復活するための大きな原動力のひとつとなったのだ。

漫画で未来を描いた手塚治虫

子供たちが熱狂した『鉄腕アトム』

1963（昭和38）年1月1日、日本初の国産テレビアニメーションシリーズの第1回が放映された。そのタイトルは『鉄腕アトム』。主人公は、原子力をエネルギーとして動く人間そっくりのロボットで、21世紀の未来が舞台だ。

作者は、「漫画の神様」と称された手塚治虫だ。アニメ『鉄腕アトム』は、1966（昭和41）年12月31日まで全193話にわたって放送され、1980年からはカラー版で第2作が放送されている。

それまでもテレビでは、毎週たくさんの子供向けアニメが放送されていたが、その番組は『ポパイ』や『ミッキーマウス・クラブ』、『ウッドペッカー』など、ほとんどがアメリカから輸入したものだった。

国産のものは唯一、その日に起きた歴史的な出来事をアニメ化した『インスタント・

机に向かう手塚治虫（写真提供：産経新聞社）

ヒストリー』だけで、しかもアニメ部分は1分しかないというしろものだった。

そんな状況のなか、手塚治虫の代表作として当時すでに漫画で人気だったアトムが30分も放映されることになる。これは、当時の日本では前人未踏の企画だった。子供たちはこのアニメに熱狂し、最高視聴率は40パーセントを超えたのである。

焼夷弾がもたらしたもの

手塚治虫が終戦を迎えたのは、大阪帝国大学（現・大阪大学）医学専門部に入学して間もない17歳の時だ。当時から漫画家になりたいと思っていたが、大阪大空襲で頭上に焼夷弾が落ちてくるという死に迫る体験をして医学の道に進もうと決めたのである。この時にもたらされたのが、手塚作品に一貫している生命の尊さや反戦というテーマだった。

手塚は、在学中も漫画を描き続け、翌年の1946（昭和21）年1月1日に『少国民新聞』という子供向け新聞の大阪版で、4コマ漫画の『マアチャンの日記帳』で漫画家デビューを果たした。

さらに同じ年、同人誌の集まりで戦前から大阪で漫画家として活躍していた酒井七馬と出会い、一緒に長編ストーリー漫画『新宝島』をつくる。これがベストセラーとなり、手塚のもとには次々と仕事が舞い込むようになったため、大学はいったん休学し、新しい漫画を次々と発表し続けた。

こうして、今も読み継がれている『ジャングル大帝』や『鉄腕アトム』、『リボンの騎士』、『火の鳥』といった名作が生まれていったのだ。

ファンレターの返事に直筆の絵を描く

手塚は、じつにマメにファンからの手紙に返信する漫画家だった。

『サイボーグ009』や『仮面ライダー』の生みの親である石ノ森章太郎は、中学時代に分厚いファンレターを手塚に送ったところ、さらに分厚い返事が届いたと記憶している。

また、『オバケのQ太郎』で知られる漫画家ユニットの藤子不二雄の2人も学生時代に手塚にファンレターを送っている。するとと、手塚からお礼のハガキが届き、そこには直筆のキャラクターの絵と励ましの言葉が添えられていたのだ。

ほかにも赤塚不二夫など、手塚と実際に会って感動した漫画家志望者も数知れない。彼らは、夢をかなえて漫画家になると手塚治虫が住んでいた東京都豊島区のトキワ荘の住人となった。この一軒の小さなアパートから、昭和の子供たちが夢中になった漫画やアニメ作品が生まれていったことはよく知られている。

そして、手塚作品に影響されたのは漫画家になった少年だけではなかった。じつは、日本のロボット工学の分野には、幼い頃に『鉄腕アトム』を観て触発されたという学者が多いのだ。

21世紀の今、世界一のロボット先進国のひとつとなった日本のテクノロジーは、手塚作品との出会いから始まっていたのだった。

野球界のスターとなった長嶋茂雄

大学生時代にスターになる

今も国民から愛され続ける〝ミスタージャイアンツ〟こと長嶋茂雄は、1958（昭和33）年に読売ジャイアンツに入団した。

野球は終戦直後から爆発的な人気を集めていたが、これには日本を占領していたアメリカから奨励されたことが関係している。

1946（昭和21）年にプロ野球が再開されると、娯楽に飢えていた日本人は熱狂した。そして生きるための極限状態にあったにもかかわらず、野球場に押し寄せたのだ。

当時10歳だった長嶋少年も、そんな空気を感じながら日々を生きていた。

そして中学生になると野球部に入部し、当時の野球少年がみんなそうだったように、プロ野球選手になることを夢見るようになる。

長嶋は、高校は地元の千葉県立佐倉第一高校に進学する。彼は小学生の頃から身長が低く、高校入学時は160センチしかなかった。ところが高校3年生になるまでにぐんぐん伸びて178センチになった。

そして高校最後の南関東大会に出場すると、公式戦初のホームランを放つ。この1本が野球関係者に注目されるきっかけになり、さらに進学した立教大学での活躍は「六大学野球が生んだ最高のスーパースター」と称され、大きな期待を背負って憧れのプロ野球選手になったのだ。

デビュー戦でフルスイング

プロ野球人気は長嶋の登場によってさらに火がついたことは間違いない。読売ジャイアンツ入団1年目からマスコミもこぞって大騒ぎした。

デビュー戦となった1958（昭和33）年4月5日の国鉄スワローズ戦での長嶋は4打席連続三振だったが、渾身のフルスイングに球場はわき立った。

この時対戦したピッチャーの〝カネやん〟こと金田正一は、将来恐い存在になると確信したとのちに語っている。

派手に空振りする長嶋。彼のサービス精神は見る人を喜ばせた。(写真提供:産経新聞社)

人間はプレッシャーに弱いものだ。世間から大きな期待と注目を集めれば、それだけで萎縮して実力が発揮できなかったりする。

だが、長嶋はその期待にこたえるかのように4月のリーグ戦で初安打、初ホームランを放ち、夏には4番打者としてチームを引っ張っていったのだ。

わざと大きめのヘルメットを使う

よく知られているように、長嶋はただ野球がうまいだけで注目を集めた選手ではなかった。その言動は本人が真剣なだけにユーモラスに映り、野球ファンならずとも放ってはおけなかった。

たとえば、野球ファンには有名なこんなエピソードがある。

長嶋は現役時代、バッターボックスに立つ時は頭のサイズより少し大きめのヘルメットを着用していた。これは、デビュー戦が4三振に終わった時、どうせ打てないのなら思い切りのよさをアピールしようと考えたからだ。

その思惑通り、フルスイングすればヘルメットは豪快に吹っ飛んでいく。この吹っ飛ぶヘルメットを見て、観客が大喜びしたのはいうまでもない。

また守備では、三遊間に飛んできたゴロに猛ダッシュで飛びつき、流れるようなフォームで一塁に送球する。そして、その右手首の動きを確認するかのようにヒラヒラさせる――。この華麗な一連の動きはファンに大うけし、真似した野球少年は少なくなかった。

たとえ他球団のファンであっても、何かやってくれそうな長嶋茂雄に子供から大人までが声援を送った。

彼が球界だけでなく、戦後の日本を元気にした立役者のひとりであることは間違いないのである。

海外に日本製品を売った盛田昭夫

アメリカでもっとも有名な日本人

戦後、「メイド・イン・ジャパン」の製品といえば、海外では粗悪品の代名詞だった。その悪評を覆した最大の功労者の1人が、ソニー創業者である盛田昭夫だ。

盟友・井深大と二人三脚でソニーを立ち上げた盛田は、数々のヒット商品でソニーの名を世界に知らしめ、ついには「アメリカでもっとも有名な日本人」といわれるまでになったのである。

盛田は1921（大正10）年に名古屋で生まれた。実家は350年以上続く造り酒屋だったというから、商売人としての嗅覚は持って生まれたものだったのかもしれない。

また、母親の趣味が蓄音機でクラシック音楽のレコードを聞くことだったことも、その後の彼の人生に影響を与えたといえるだろう。

理系の道に進んだ盛田青年は電子工学を研究し、それが縁で戦時中に井深大と運命の出会いを果たす。

井深とともにソニーの前身である東京通信工業株式会社を立ち上げたのは、戦後すぐの１９４６（昭和21）年だった。

世界中でみずから営業をかける

常々海外展開を視野に入れていた盛田は、世界で通用するブランドにしたいと社名の変更を井深に提案した。

苦心の末に、ラテン語で音を意味する「ＳＯＮＵＳ」と、かわいい坊やという意味の「ＳＯＮＮＹ」をかけあわせ、シンプルかつ世界のどこの国でも同じように読める造語「ＳＯＮＹ」が誕生する。

社名を印象づけるべくすべての自社製品にＳＯＮＹの４文字を入れ、盛田はそれをみずから担いで世界中を飛び回って営業をかけた。安ホテルに泊まり、食事は自動販売機の軽食で済ませた。しかし、いくら靴の底をすり減らしても未知の、ましてや日本製のモノへの市場の評価は芳しくはなかった。

そこで盛田は、１９５５（昭和30）年に完成した日本初のトランジスタラジオを手に

自社製品を手にする盛田(写真提供:Financial Times/ullstein bild/時事通信フォト)

してニューヨークへと乗り込む。

地道な営業の結果、ようやく大手メーカーから10万個という大口の注文が入るものの、そこにはある条件がつけられた。ソニーの製品としてではなくその会社のロゴをつけて売る、つまりはOEM契約である。

喉から手が出るような話だったが、自社ブランドで売ってこそだと盛田はこの話を断った。自分の製品に絶対の信頼をもっていたからだ。

そんな盛田の情熱、そしてソニー製品の品質はアメリカでもしだいに受け入れられるようになり、ソニーは日本の企業としては初めてアメリカで株式を発行するまでになった。

ウォークマンで新しい文化を生む

盛田のソニーにかける情熱は、幾多の壁を打ち破っていった。
1979(昭和54)年7月1日に売り出したウォークマンも、録音できないテープレコーダーは売れないという業界の常識を押し切って盛田が押し進めたプロジェクトだった。

当時、会長職にあった盛田は「3万台売れなかったら責任をとる」といって社員を鼓舞した。その言葉通りに世界初の携帯型音楽プレーヤーは、その後13年で累計1億台の売り上げを達成したのである。

ウォークマンはヘッドホンをつけながら街を歩くという新しい文化を生み、アメリカでは音楽を聴きながらジョギングをするのが大ブームになった。こうしてソニーの、そしてメイド・イン・ジャパンの製品は着実に世界に浸透していったのだ。

1993(平成5)年秋、盛田は一線を退くが、その功績から1998(平成10)年には米タイム誌の「20世紀の20人」に選ばれた。そしてその翌年、78歳でこの世を去る。

盛田の死は海外でも大きく報じられ、米アップル社の新製品発表会では、スティーブ・ジョブズがステージに盛田の遺影を映し哀悼の意を表したという。

「経営の神様」になった松下幸之助

16歳で起業する

松下幸之助が、総合電機メーカーであるパナソニック（旧松下電器産業）を創業したのは、1918（大正7）年のことだ。のちに「経営の神様」と呼ばれる松下は、この時16歳だった。

松下は、父の事業の失敗によって尋常小学校を4年で中退し、9歳で丁稚奉公に出る。最初は火鉢店、その後は住み込みで自転車店で働いた。そのうちに、電気で走る市電や夜の街を明るく照らす電灯を見て、電気関係の仕事に憧れるようになり、約5年間勤めた自転車店を辞めて大阪電灯（現関西電力）に転職するのだ。

大阪電灯で働きながら、松下は電球を簡単に取り外せる新型ソケットを考案した。その当時は、屋内に直接電線を引いて電気が供給されていたため、電球の取り外しは専門知識がいるとても危険な作業だったのだ。

だが、会社にこの発明品を見せて説明しても反応はない。そこで、このソケットを製造販売するために、独立して松下電気器具製作所を設立したのだ。

苦境の後、長者番付1位になる

小さな町工場からスタートした松下電気器具製作所だったが、戦前には約3500人の従業員を抱える規模にまで成長し、「松下電器産業」と組織を改めた。

ところが、1937（昭和12）年に日中戦争が始まると、松下電器産業にも軍から兵器の部品が発注されるようになる。

松下はしかたなく機関銃や砲弾部品、レーダーなどの製造を請け負った。

しかし、この仕事を請け負ったことが戦後になって大きなダメージとなる。

敗戦後、日本がGHQの占領下に置かれると、松下電器産業は戦争協力者として会社のすべての資産を凍結されてしまったのだ。

また、松下一家が財閥とみなされ、松下本人と常務以上の重役が公職を追放されるという危機に陥っている。

ようやくすべての指定が解除されたのは、1950（昭和25）年のことだったが、こ

「熱海会談」で壇上に立つ松下（写真提供：時事）

の頃には経営は傾き、物品税が払えず「滞納王」という不名誉な呼び名をつけられた。

それでも、松下は持ち前のアイデアで会社を再生させた。1951（昭和26）年に電気洗濯機を発売すると、翌年には白黒テレビ、さらにその翌年には冷蔵庫を世に送り出す。

高度成長期の象徴ともいえる「三種の神器」をはじめとする家電は売れに売れて会社は成長し、松下自身も長者番付の1位になった。

終身雇用制や週休2日制を導入

松下は労働者が安心して仕事に取り組め、さらに効率やモチベーションを高められるとして、日本で初めて終身雇用制度や週休2日制を導入した。

特に、終身雇用制度は高度経済成長の原動力となったといわれている。それが、松下が「経営の神様」と呼ばれるゆえんでもある。

とにかく従業員の幸せと会社の成長について、真正面から取り組むのが松下流だ。それは、松下電器産業の製品を扱う代理店や販売会社に対しても同じだった。

東京オリンピックの開催が目前に迫る１９６４（昭和39）年７月に、松下は全国の代理店と販売会社の社長を熱海のホテルに招待して懇談会を行っている。伝説の熱海会談だ。

この頃、すでにおもな家電製品は家庭にいきわたり、業界全体の成長が鈍っていた。にもかかわらず、製品はつくり続けており、これはどこかで商品がダブついているはずだと感じたからだ。

案の定、ほとんどの代理店と販売会社が赤字に苦しんでいて、会議では松下を責める怒号も飛び交った。そして３日間にわたる激論の末、松下は心から反省の念を表明し、「共存共栄」の信念で現状を打破しようと誓い会議は終了した。

そして、その言葉どおり松下は先頭に立って新しい販売制度を浸透させ、全国の販売会社の社長らとともにみごと経営を立て直したのである。

日本列島を改造した田中角栄

「コンピューターつきブルドーザー」

昭和の日本を動かした政治家といえば、まっ先に挙げられるのが田中角栄だろう。政治家は法律をつくることが仕事のひとつだが、日本では官僚が手がけることがほとんどで、実際には政治家が提案することは少ない。だが、田中は違っていた。

1947（昭和22）年に28歳の若さで新潟3区から初当選を果たし、10年後に史上最年少の39歳で郵政大臣に就任するまでに33本もの法律づくりに取り組んでいる。文字通り、この国を変えていったのだ。

まず、議員1年目に議会に提出したのは、空襲で家を失った国民が住宅を持てるよう資金を貸し付ける「住宅金融公庫法」と、母子家庭や引揚者に対して住宅を供給するための「公営住宅法」だ。これによって戦後の深刻な住宅不足は解消されることになる。

また、ガソリン税を道路建設の財源にあてるというアイデアを法案として提出し、石油業界などの反対を押し切って成立させる。

郵政大臣時代には、大量の免許を交付して各県に民放テレビ局を誕生させた。現在の東京のキー局と地方のネット局、そして新聞社という系列は、この時に形づくられたものだ。

このような法整備によって、自動車やテレビなどが日本中に普及することになる。メーカーは利益を上げ、雇用が生まれ、経済はますます発展していったのだ。

次々と生まれるアイデアと明晰な頭脳、そしてやると言ったら必ずやり遂げる姿から、田中は「コンピューターつきブルドーザー」と呼ばれるようになる。

人を引きつけるキャラクター

田中はとにかく人を引きつける人物だった。

たとえば、44歳で大蔵相（現財務相）に就任した時には、大蔵省の幹部を前にしてこう挨拶している。

「私はご存じのように、小学校の高等部しか出ていない。しかし、世の中の経験は多少積んでいるつもりである。（中略）私はできることはやる、できないことはやらない。事の成否はともかく、結果の責任は、すべて大臣である田中がとる。今日から大臣室のドアは取っぱずす！　以上」

この言葉通り、失敗しても人に転嫁することもなく、真っ向から解決した。その人柄に惚れた政治家仲間も多く、「俺の趣味は田中角栄」と公言する大物政治家もいたほどだ。

昭和46年、通産相に決まった時の田中（写真提供：産経新聞社）

そんな田中が自民党総裁選を間近に控えた1972（昭和47）年6月、1冊の書籍が刊行された。90万冊を超えるベストセラーとなる『日本列島改造論』である。

田中はみずからが描いた列島改造論を引っ提げて自民党総裁選に出馬し、当選すると第64代内閣総理大臣に就任した。

そして、列島改造ブームを起こした。それまで何もなかった寒村に高速道路のインターチェンジができ、次々に工場が建ち並んだのである。

政治とカネの問題で失脚する

一方、外交においては首相就任から2ヵ月後に中国の北京を訪れて、中華人民共和国との日中国交正常化を実現させている。

貧しい境遇から立身出世した田中には、エリート議員にはない人間味があり、中国側の言い分にも謙虚に耳を傾けた。

それが当時の周恩来首相らの心を動かし、以来、中国で田中は「古い友人」と呼ばれ、今でも高く評価されている。

しかし国内に目を戻してみると、田中が理想とした公共事業での経済発展は、〝政治とカネ〟の問題の温床になっていた。公共工事を仲介した業者や団体から、政治家が多額の闇献金を受ける金権腐敗が横行したのだ。

しかも、そのうまみをもっとも享受している政治家として田中本人の金脈問題が『文藝春秋』で取り上げられ、これをきっかけに首相を退任する。

さらにその後、アメリカの大手航空機メーカーのロッキード社との巨額汚職事件が明るみに出て（198ページ参照）、世間を揺るがす騒ぎとなったのだ。

6章　昭和の大事件

水爆実験と日本人の被曝

水爆実験に巻き込まれた船

広島と長崎に原爆が投下されてから10年も経っていない1954(昭和29)年3月、日本の遠洋マグロ漁船である第五福竜丸が、太平洋のビキニ環礁付近で被曝した。

アメリカの大規模な水爆実験に巻き込まれたためだ。

当時、アメリカとソ連は冷戦の真っ最中で、両国の核開発競争はとどまるところを知らなかった。1945(昭和20)年に世界初の核実験が行われてから、冷戦期の核実験は世界で約2000回にのぼったとされる。

事件が起きた時、ビキニ環礁では「ブラボー」と名づけられた実験が行われていた。ここで使われたのは、広島に落とされた原爆の約1000倍の威力を持つ水爆だった。

実験にあたって、近海は危険水域に指定されていた。だが、第五福竜丸が被曝したのは危険水域の外だった。アメリカが想定した以上に水爆の威力は凄まじかったのである。

日本に帰還した第五福竜丸

その結果、第五福竜丸をはじめとした約1000隻の船などが放射性物質を多量に含む「死の灰」を浴びたのだ。

船を包んだ赤い光と爆音

この日の午前3時頃、第五福竜丸は危険区域から64キロメートル離れた海域で操業していた。

投縄の作業を終えたところで、甲板にいた乗組員は突然、太陽が昇るように西から赤い光が上がってきたのを見たという。

辺り一面が光に包み込まれ、真昼のように明るくなった。この光の現象は3分ほど続き、その数分後に尋常でない爆音が轟いて、船が大きく揺れたのである。

漁労長は光の方角がビキニ環礁であることを確認した。乗組員たちの脳裏にはちらりと原爆のことがよぎったという。

やがて横殴りの風が吹きつけてきたが、その風には白い灰が混じっていた。

灰は顔や体、髪の毛に降り注ぎ、鼻や口からも体内に吸い込まれた。これこそが強い放射線を出している「死の灰」だったのだ。

原水爆実験の禁止運動が広がる

第五福竜丸は急いで海域から脱出したが、まもなく乗組員たちは微熱、嘔吐、頭痛、下痢などのひどい症状に襲われることになる。

事件から2週間後に第五福竜丸が母港の焼津港へと帰りつくと、乗組員たちは急性放射線症と診断された。

被曝との因果関係ははっきりと解明されなかったものの、23人の乗組員のうちの多くが肝臓ガンや肝硬変などを患って他界している。

また、船体や漁具、積み荷のマグロからも強い放射能が検出された。

第五福竜丸以外にも、東京湾などに入港した856隻から水揚げされたマグロからも放射能が検出されたためにマグロが売れなくなり、日本の水産業は大打撃を受けることになる。

この事件をきっかけに、世間では原水爆実験に対する怒りの声が広がり、大規模な署名運動へと発展していく。

1955（昭和30）年に広島で開かれた第1回原水爆禁止世界大会までに、約3000万人の署名が集まった。

現在、第五福竜丸は東京都江東区の夢の島公園内の「第五福竜丸展示館」内に保存され、原水爆実験の恐ろしさを今に伝えている。

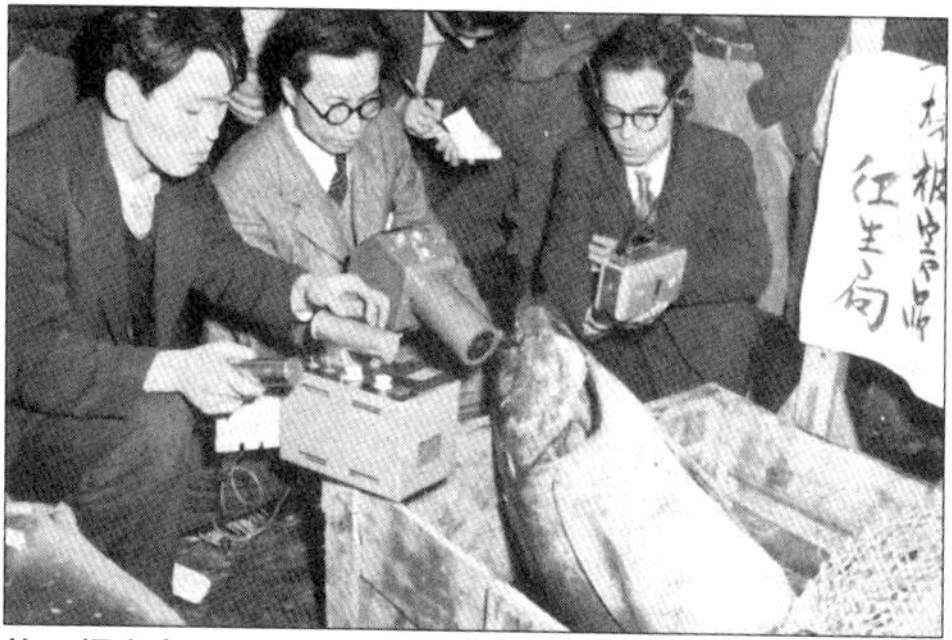
第五福竜丸が捕ったマグロの放射能を調査する様子

未解決に終わった3億円事件

現金輸送車に近づくオートバイ

昭和の最大の未解決事件として犯罪史に名を残すのが、いわゆる「3億円事件」だ。事件が起こったのは1968（昭和43）年12月10日午前9時20分頃、現場となったのは東京都府中市にある府中刑務所の裏通りである。

この日は東京芝浦電気（現在の東芝）府中工場の従業員へのボーナス支給日で、日本信託銀行国分寺支店の現金輸送車が約3億円を輸送しているところだった。3億円は3個のジュラルミンケースに詰められ、輸送車には運転手を含む4人の銀行員が乗っていた。

やがて輸送車が事件現場にさしかかった時、白バイ風のオートバイが近づいてきて輸送車に停車を命じた。そして、白バイの警察官を装った若い男が「巣鴨の支店長の家が爆破された。この車にも爆発物が仕掛けられているから点検する！」と言って、4人の銀行員を車から降りさせたのである。

男は、点検するフリをして輸送車の下部に入り込み、用意していた発煙筒から煙を出すと、「危ない！　逃げろ！」と叫びながら運転席に飛び乗った。

これを聞いた銀行員たちが驚いて輸送車から離れると、男は輸送車を運転して走り去っていったのだ。

まもなく銀行員たちは事態の異常さに気づいたが、時はすでに遅く、3億円は輸送車ごと強奪されていたのである。

事件現場に残された犯人のオートバイ

国内にはほとんど被害はなかった

この事件は、世間に大きな衝撃を与えた。捜査の行方には、日本全国の大人から子供までが釘づけになった。

というのも、当時は大学卒の初任給が3万円にも満たない時代である。３億円という金額が現金強奪事件の被害額として当時最高額だったのはもちろん、庶民には手も足も出ない夢のような大金だったからだ。

そのうえ偽装した白バイに乗った偽警察官が、巧妙なウソで誰ひとり傷つけることなく現金を強奪したという奇抜な手口も人々に強烈な印象を与えた。

マスコミは連日のように捜査の状況を報じ、茶の間では「もし３億円が手に入ったらどうする」とか「犯人はいったいどういう人物か」といった話題で大いに盛り上がった。

しかも、庶民には３億円事件の犯人を痛快なダークヒーローとして英雄視する風潮すらあった。なぜなら、３億円が強奪されたことで金銭的な被害を受けた人は、日本国内にほとんどいなかったからだ。

日本信託銀行は、輸送する３億円に日本火災海上の損害保険をかけていた。その日本火災海上はリスク回避のために何社もの国内の損害保険会社と再保険契約を結んでいて、さらに国内の損害保険会社は海外の損害保険会社と再保険契約を結んでいたのである。

結果として３億円は海外の損害保険会社が負担することになり、実質的な日本での被害といえば、日本信託銀行が保険料として支払った１万６０００円くらいだったのだ。

犯人も3億円も不明のまま時効成立

世間の注目を集めるなか、警察は威信をかけて3億円事件の捜査に取り組んだ。

しかし、輸送車から途中で乗り換えたトヨタカローラが見つかるなど犯人の遺留品が多かったにもかかわらず、決定的な足どりはつかめなかった。

また、4人の銀行員の証言を元に、白いヘルメットをかぶった犯人のモンタージュ写真が作られ、全国から情報提供が相次いだ。

最終的に捜査線上に浮かんだ容疑者は約11万人にも及んだが、どれも逮捕にまでは結びつかなかったのである。

犯人のモンタージュ写真

単独犯説、グループ犯説、警察やその関係者が犯人ではないかという説など、さまざまな憶測や謎を生みながら、結局、犯人も盗まれた3億円も見つかることはなかった。

1975（昭和50）年には時効が成立して未解決事件になっているが、今なおドラマ化されるなど、この事件への世間の関心は高い。

機動隊による東大安田講堂突入

大学に吹き荒れる紛争の嵐

大学構内にバリケードを作って立てこもり火炎瓶を投げる学生たち、彼らを催涙弾などで排除しようとする機動隊……。今では考えられないような光景が、1969（昭和44）年のキャンパスには広がっていた。

しかも、それが日本で最高レベルの大学のひとつである東京大学で起こっていたのだ。発端となったのは、登録医制度に反対するストライキだった。

当時、医学部を卒業した学生は、1年間、国に指定された病院で研修医として働かなくてはならなかった。研修を受けなければ国家試験を受けられないのだが、研修医の間は給料がもらえない。しかも、きちんとした指導のカリキュラムもないため、全国の医学生らは待遇の改善を求めていたのである。

東大医学部はこうした学生運動の中心的な存在で、1968（昭和43）年1月にストライキに突入するなどして「東大紛争」といわれる紛争状態になっていた。

学生側は同年3月には東大のシンボルでもある安田講堂を占拠し、そこで行われるはずだった卒業式を阻止する。

さらに、6月にも安田講堂を占拠するが、これは大学側の要請で警視庁の機動隊によって排除された。

機動隊による安田講堂への放水の様子

怒りをためた学生たちは、学部を越えて「全学共闘会議（全共闘）」を結成し、徹底的に闘っていく姿勢を見せた。

大学に吹き荒れる紛争の嵐

ここまで紛争が拡大したのには、当時の世相も大きく影響している。

この年はフランスで5月革命

という学生運動が起き、アメリカではベトナム反戦運動が激しくなっていた。

若者が既存の権力に反発する気運が世界中で高まっていたのである。

日本でも日米安全保障条約への不満やベトナム戦争への反発が募っていて、そこに大学への不満が重なったわけだ。

高度成長期で人材が大量に求められたことで、大学側は学生数を急増させていたが、たび重なる授業料の値上げに対して教育の内容は充実していなかった。

また、権威主義的な大学の管理体制も学生らの反発を買ったのである。日本大学でも、大学側に巨額の使途不明金があることが発覚し、紛争が起きている。

同年中に紛争が起きた大学は全国で１００校以上にのぼる。大学側の要請で機動隊が出動することも頻繁にあった。

機動隊の出動と封鎖解除

やがて紛争は激化し、他の大学からの学生や活動家までが集結。東大の主要な建物や安田講堂をバリケードで封鎖し、再び占拠した。

機動隊が出動すれば圧倒的な力の差で押さえつけられて、その後の人生を大きく左右することもわかっていたが、それも覚悟のうえで徹底的に抗戦したのである。

投石や火炎瓶、硫酸を散布するなどして抵抗する学生に対し、大学側は機動隊に出動を要請して1969（昭和44）年1月18日に封鎖解除を始める。

空からはヘリコプターで催涙弾が投下され、地上からは放水による攻撃が続けられた。このため主要な建物は次々と封鎖が解除され、残るは安田講堂だけとなったのだ。

機動隊の攻撃は一時中止したが、翌日の朝6時から再開し、すでに疲弊しきった学生らに容赦なく催涙弾と放水による攻撃が行われた。

やがて午後6時頃、安田講堂に残った学生たちも機動隊に制圧され、封鎖は解除されたのだ。

結果として、東大紛争による逮捕者は700人を超え、起訴された学生は600人以上、そのうち一審で実刑判決を受けた人は130人以上にもなったのである。

これ以降、全共闘による紛争は収束していく。学生運動への参加で就職に不利になった学生もいたが、多くはふつうのサラリーマンとなり、医師や弁護士、政治家になった者もいた。

元日本兵の戦地からの帰還

ジャングルで生き延びていた日本兵

終戦から27年が経った1972（昭和47）年1月、驚くようなニュースが飛び込んできた。グアム島のジャングルで元日本兵が発見されたというのだ。

敗戦後もジャングルの穴ぐらに身をひそめて生き延びてきた元陸軍軍曹の横井庄一が、現地の人によって発見されたのである。

名古屋で洋服の仕立て業を営んでいた横井は、召集されて1944（昭和19）年にグアム島に配属された。

当時、日本は占領していたグアム島をアメリカから死守するため、2万人以上の兵を現地へ送り込んでいる。

しかし、まもなくアメリカ軍が上陸すると、日本の守備隊は壊滅状態になり、わずかに生き残った兵たちはジャングルに身を隠したのだ。

それから1年後に日本は敗戦し、グアム島のジャングルでも終戦の知らせと投降が呼びかけられた。多くの日本兵が呼びかけに応じて投降し帰還したが、横井はこれを罠だと疑って投降しなかったという。

横井ブームが起こる

発見から9日目に日本へ帰国した横井は、記者会見で「恥ずかしながら帰って参りました」と挨拶した。

これはその年の流行語になった。平和と豊かな生活に慣れていた日本国民にとって、横井の発見は大きな衝撃だったのである。その直後、日本中に横井ブームが起きて横井は講演会などに引っ張りだことなった。

国民が驚きを持って聞き入ったサバイバル生活とはどのようなものだったのか。

ジャングルに逃げ込んだ日本兵たちは、大人数だと敵に発見される可能性があるので、2～3人ずつに分かれて潜伏していたという。

横井も最初は戦友2人と一緒に穴ぐらで暮らしていたが、途中から彼らと別れて1人で生活を始める。数年後に再び戦友らの穴ぐらを訪ねると、2人は白骨化した死体になっていた。病気で身動きが取れずに亡くなったようだった。

そんな過酷な状況下で横井がたった1人でも生き延びられたのは、類まれなるサバイバル能力があったからだった。

彼はジャングルに自生するタロイモなどを採り、エビや魚を釣り、仕掛けを作って野ネズミやシカを捕って食料にしていた。

洋服の仕立て業をしていたこともあり、ジャングルに群生するパゴの木の皮を繊維にし、機織り機を作って布を織り、手製の針で洋服まで作っていたというから驚く。ココナッツの実で食器なども自作している。

帰国後は、半年後に花嫁候補が一般公募されて結婚し、サバイバル生活についての評論家として活躍。1997(平成9)年に亡くなった。

もう1人の元日本兵

また、横井の発見から2年後には、フィリピンのルバング島で元日本兵の小野田寛郎が発見されて帰国している。

元陸軍少尉だった小野田はルバング島で敗戦を迎えた。だが、彼のもとには任務解除の情報が届かなかったので、部下とともにジャングルに潜伏し、日本軍のために諜報活動を続けていたのである。

終戦を告げるビラや投降の呼びかけも嘘だと思っていたという。

やがて部下らが亡くなって1人になってもなお潜伏生活を続けていたが、1974（昭和49）年に日本人の冒険家により発見されている。

直属の上官の命令がなければ帰国しないという小野田に、かつての上官が現地に赴いて任務解除の命令を伝え、ようやく帰国が叶ったのである。

その後、様変わりした日本になじめなかった小野田は、ブラジルに移住して牧場経営を成功させる。

日本ではサバイバル術を教える「小野田自然塾」を開き、日本とブラジルを往復する生活を続け、2014（平成26）年に91歳で亡くなっている。

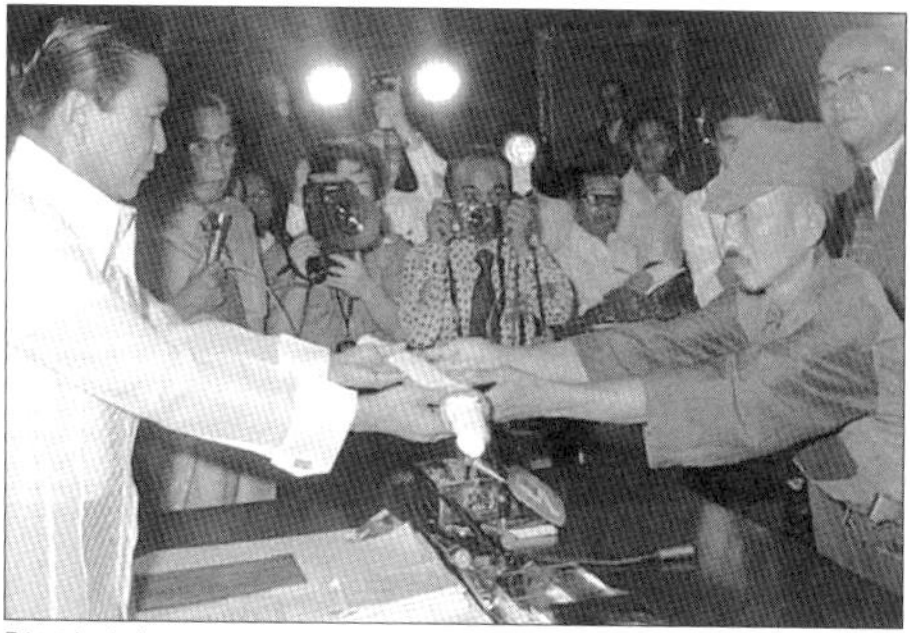

「投降式」で当時のフィリピン大統領マルコスに軍刀を渡す小野田

大混乱を起こしたオイルショック

トイレットペーパーにむらがる人々

トイレットペーパーを買い占めるために主婦がスーパーに殺到する……。

大安売りのセールかと思うような光景だが、1973（昭和48）年の日本はそんな悠長な状況ではなかった。人々は「紙がなくなるかもしれない」という深刻な不安に駆られていたのだ。

この騒動の原因となったのが第1次オイルショックである。この年の10月に第4次中東戦争が勃発すると、産油国が原油の大幅な値上げを通告してきたのだ。

当時、高度経済成長の真っ只中だった日本は、エネルギーの多くを中東からの石油に頼っていた。このため、原油の供給がひっ迫すると石油製品が高騰して経済的な混乱が生じたのである。

そうした状況のなか、政府が「紙をムダ使いしないように」と呼びかけたこともあり、実際には紙の生産量は安定していたにもかかわらず、人々は物不足への不安から買い占めに走ってしまったというわけだ。パニックで警察が出動することすらあった。

ネオンは消え雑誌はペラペラに

まもなく買い占め騒動は洗剤などの製品にも飛び火し、電力不足により街中ではネオンサインを早めに消灯した。

また出版業界では、紙の高騰から雑誌がペラペラに薄くなり、発行部数が大幅に減るなどの影響もあった。

さらに物価の上昇は加速して庶民の生活を直撃し、日本の経済成長率は戦後初めてのマイナスに転じてしまう。めざましかった高度経済成長はここに終わりを告げたのだ。

1978（昭和53）年には第2次オイルショックが起こったが、前回の失敗に学び、第1次ほどの混乱は起こらなかった。

世界を巻き込んだロッキード事件

アメリカから日本へ流れた金

総理大臣経験者をはじめとする政財界の大物を巻き込んだ、戦後最大の汚職事件といわれるのがロッキード事件だ。

事件が暴露されたのは、1976（昭和51）年2月、アメリカの上院外交委員会多国籍企業小委員会の公聴会でのことだった。

この時、公聴会にはアメリカの航空機メーカーであるロッキード社の会計監査をしていた会計士が呼ばれていたが、彼はロッキード社から日本へと渡る不正な裏金の存在を明らかにしたのだ。

その内容は、ロッキード社が自社の飛行機を日本へ売り込むために帳簿には載せない裏の工作資金を用意し、商社や「政商」といわれる人物らを介して日本の政府高官に裏金を渡しているというものだった。

しかも、裏金の総額は1000万ドルを超えていて、当時の換金レートで約30億円という途方もない額だったのである。

さらに、波紋はオランダ、イタリア、メキシコなどにも及び、最終的には世界的規模の汚職事件となったのだ。

裏金のルートは3つ

調べが進んでいくうちに、裏金のルートは3つあることがわかった。

主なルートは右翼の大物である児玉誉士夫を経由した児玉ルートで、裏のコンサルタント料として約700万ドル（約21億円）が児玉に渡っていたという。

児玉は日本の保守政界に大きな影響力を持つ裏社会との調整役で、いわゆる黒幕とかフィクサーと呼ばれた男だ。児玉に渡った裏金は、国際興業グループの創業者である小佐野賢治を介して政界にばらまかれていた。

また、ロッキード社のコーチャン前副会長の証言から、同社の正式な代理店である総合商社の丸紅を通した丸紅ルートの存在が判明し、最後のルートは全日空から自民党の運輸族へと渡った全日空ルートであることが明らかになる。

ちなみに、これらの裏金の領収書はお金の単位が「ピーナッツ」になっていて、1ピーナッツが100万円だったこともわかったため、ピーナッツという言葉が流行語にもなった。

全容は不明のまま幕を閉じる

事件が明るみに出たことは、日本の政財界を震撼させた。なかでも、現金を受け取った人物として早くから疑惑の目が向けられていたのが、前総理大臣の田中角栄である。田中内閣は事件が発覚する約1年前の1974（昭和49）年末に金銭スキャンダルが原因で総辞職していたが、田中は依然として政界に強い権勢をふるっていた。

児玉ルートの仲介役として名前が挙がった小佐野は政治家と癒着して商売する〝昭和の政商〟の異名を持った男だが、田中角栄と古くから親交があったことも注目されていた。

さらに、田中政権の時に、全日空が予定していたダグラス社の航空機の採用を取りやめてロッキード社の航空機に変更していた事実も田中への疑惑をふくらませた。

結局、東京地検特捜部の捜査で、田中には丸紅から直接5億円が渡ったとされ、田中

田中元首相に懲役4年の実刑

"総理の犯罪"厳しい判決

ロッキード事件 丸紅ルート

職務権限認める

「5億円」「請託」は明白

判決の骨子

「国民の信頼を失

ワイ

被告名	判決	求刑	起訴罪名
元首相 田中 角栄	懲役四年 追徴金五億円	懲役五年 追徴金五億円	[illegible]
元首相秘書官 榎本 敏夫	懲役一年 執行猶予三年	懲役一年	[illegible]
丸紅元会長 檜山 広	懲役二年六月	懲役四年	[illegible]
丸紅元専務 伊藤 宏	懲役二年	懲役二年六月	[illegible]
丸紅元専務 大久保利春	懲役二年	懲役二年六月	[illegible]

当時の新聞号外。この時は厳しい判決が下ったが、後の田中の死によって審理は打ち切りになった。

は受託収賄などで逮捕・起訴されて、丸紅や全日空の幹部も次々と逮捕されたのである。

そのほか、政界では多くの議員が疑惑の渦中にいたが、「灰色高官」と呼ばれた彼らについては起訴できず、その後の裁判では田中の5億円の授受の有無にだけ審理が集中していくことになる。

やがて田中は一審で懲役4年、追徴金5億円の有罪判決を受け、すぐに控訴・上告したが、上告中の1993（平成5）年に病死する。

また、児玉ルートは児玉が病気を理由に国会での証人喚問などに出廷せず、そのまま1984（昭和59）年に没したため、ほとんど解明されないままとなった。

もうひとりのキーマンである小佐野は国会の答弁で「記憶にございません」を繰り返し、これも流行語になった。

小佐野も1986（昭和61）年に急死して、ロッキード事件は多くの疑惑を残したまま幕を閉じている。

国中を巻き込んだグリコ・森永事件

「どくいり きけん たべたら 死ぬで」

「どくいり　きけん　たべたら　死ぬで　かい人21面相」――。

　事件から30年以上たった今でも、この世間を小馬鹿にしたような独特な脅迫文を覚えている人は多いだろう。

「かい人21面相」は、大手の食品企業を次々と脅迫し、警察やマスコミを手玉にとって日本中を翻弄したグリコ・森永事件の犯人だ。

　事件は1984（昭和59）年3月18日、当時の江崎グリコ社長・江崎勝久の誘拐から始まった。江崎社長の自宅に覆面をした男らが押し入り、子供たちと入浴中だった江崎社長を全裸のままで誘拐したのだ。

　まもなく犯人からは現金10億円と金塊100キログラムを要求する脅迫状が届いたが、犯人は受け渡し場所に姿を現さなかった。

事件発生から3日後に江崎社長が監禁場所の倉庫から自力で脱出したことで事件は終わったかのように思えた。

ところが、これはいくつもの食品関連会社への脅迫事件の序章だった。ここから犯人は日本中を不安と恐怖に陥れていく。

犯人からの脅迫状と挑戦状

まずは、4月に江崎社長宅に6000万円を要求する脅迫状が届いた。

だが、社長が無事だったこともあり、犯人側の要求を無視すると、今度は江崎グリコの本社で放火事件が発生するなど犯人からの嫌がらせが始まる。

また、マスコミには犯人から「けいさつの　あほども　え」で始まる挑戦状が届き、末尾には「かい人21面相」と書かれていた。

江崎グリコへの現金の要求は続き、警察は江崎グリコに犯人との裏取り引きに応じるフリをさせ、犯人に接触を試みたものの、失敗に終わってしまう。

世間はこうした警察とかい人21面相の攻防をニュースや新聞を介して注目していたが、5月に入ると、とうとうお茶の間の庶民までもが事件に巻き込まれることになる。

かい人21面相からの挑戦状に「グリコの　せい品に　せいさんソーダいれた」という文章がタイプされていたのだ。これには日本中が震えあがり、大手スーパーの店頭からグリコ製品がまたたく間に撤去されている。

犯人と思われる男が菓子棚に手を伸ばすところ（写真提供：産経新聞社）

さらに犯人は江崎グリコの取引先に脅迫状を送り、3億円を払えば青酸ソーダでの脅迫をやめると持ちかける。

これに同社が応じると、無関係のアベックを襲撃し、女性を人質にして男性に3億円の受け取り役を演じさせた。警察はこの男性を犯人と勘違いして拘束し、結果として本物のかい人21面相の逮捕には至らなかった。

「キツネ目の男」と突然の幕引き

ところが、かい人21面相は突然「江崎

グリコ　ゆるしたる」という休戦宣言をしてきた。これには裏取り引きがあったのでは、と勘ぐる人も多かったが真相は謎のままだ。

いずれにしろ江崎グリコは苦境を脱したが、その後、かい人21面相は丸大食品、森永製菓、ハウス食品、不二家などを標的にして脅迫を続けていく。

なかでも森永製菓の事件では、冒頭の脅迫文とともに、実際に青酸ソーダ入りの商品がスーパーの店頭で見つかり、またもや世間がパニックになった。

グリコ・森永事件では、青酸ソーダ入りのお菓子が発見されたコンビニの防犯カメラに不審な男が映っていたり、「キツネ目の男」といわれる犯人らしき男の似顔絵が公開されたりしたが、結局、犯人は捕まらなかった。

1985（昭和60）年8月12日に「くいもんの　会社　いびるの　もおやめや」という文章が届いたのを最後に、かい人21面相は姿を消した。

これはハウス食品への脅迫事件の現金受け渡しで、滋賀県警があと少しのところで犯人を取り逃がし、責任を感じた滋賀県警の本部長が焼身自殺した5日後のことだった。

日本中を巻き込んだ劇場型犯罪はこれで幕を下ろし、2000（平成12）年に時効が成立している。

多くの謎を残したロス疑惑

発端は『週刊文春』の記事

いわゆる「ロス疑惑」と呼ばれる一連の騒動を覚えている人も多いだろう。

その発端になったのは、1984（昭和59）年1月に『週刊文春』が掲載した「疑惑の銃弾」と題された記事だった。

約2年前にアメリカのロサンゼルスで起こった日本人女性の銃撃事件について書かれたもので、その記事によれば、被害者女性の夫が保険金目的で妻を殺害したという数々の疑惑が浮上しているというのだ。

疑惑の夫として名前が挙がったのは、当時、東京で雑貨輸入販売会社を経営していた三浦和義という人物である。

1981（昭和56）年11月18日、三浦は妻のKさんとロサンゼルスを旅行中、市内の駐車場で何者かによって突然銃撃されたのだ。

この銃撃で三浦は足を負傷し、妻のKさんは頭を撃たれて重体になる。三浦の証言で、犯人はラテン系の男性2人組とされたが、捕まらなかった。

Kさんは意識不明のまま、翌年1月にアメリカ空軍の特別機で日本へ帰国する。三浦は報道陣の前で献身的に妻を介護し、時には人目をはばからずに号泣するなど、日本人男性にしてはオーバーな感情表現と饒舌な語り口調で世間の同情を集めていた。

その後、Kさんは亡くなり、三浦は愛妻を失った悲劇の夫として注目されたのである。

もう1人の行方不明者と保険金

ところが、週刊文春の記事により、三浦は悲劇の夫から一転して疑惑の夫となる。

じつは、三浦は妻の死によって、保険会社3社から1億5000万円以上もの多額の保険金を受け取っていた。

さらに、三浦の愛人で、三浦が経営する会社の取締役だった女性Tさんも1979（昭和54）年に行方不明になっていたのだ。

Tさんは夫がいながら三浦と交際していて、行方不明になる少し前に夫と離婚。その後、ロサンゼルスで行方不明になったが、同じ時期に三浦もロサンゼルスに滞在していたのである。

しかも、Tさんの元夫はTさんへ慰謝料として約430万円を支払っていたが、三浦はTさんが行方不明になった後に、彼女のキャッシュカードを使ってその金を複数回にわたって引き出していた。

また、妻のKさんが銃撃される数ヵ月前、三浦は知人のポルノ女優に依頼してロサンゼルスのホテルでKさんの頭をハンマーで殴打させ、全治1週間のケガを負わせていたことも判明する。

三浦の自殺で幕を閉じる

疑惑の目を向けられた三浦は、連日ワイドショーに追いかけられた。報道はどんどんエスカレートし、三浦の過去やプライベートの暴露合戦にも発展していく。

三浦の叔母は有名な映画プロデューサーだったが、三浦が彼女の隠し子ではないかという信ぴょう性のない話まで、あることないことを書き立てられた。

やがて世論やマスコミの論調に煽られる形で警察が動き出し、三浦は逮捕される。

しかし、銃撃事件に関しては物証が少なく、状況証拠だけで三浦を有罪にするのは難しかった。裁判は長期にわたって続き、Kさん殴打事件については有罪になったものの、銃撃事件については２００３（平成15）年に最高裁で無罪が確定している。

だが、話はこれで終わらなかった。２００８（平成20）年、アメリカの自治領であるサイパン島に滞在中、三浦はロサンゼルス市警察から殺人容疑で逮捕される。アメリカでは、ロス疑惑の捜査が続いていたのだ。

ロサンゼルスに身柄を移送された三浦は、留置所で首を吊って自殺する。事件の全容は疑惑に包まれたまま明かされることがなくなったのである。

また、ロス疑惑ではマスコミのいきすぎた報道や容疑者への人権侵害が浮き彫りになった。手錠をかけられた姿を画像処理するなど、容疑者に対して報道する側が配慮するようになったのもこの事件からである。

政界を揺るがしたリクルート事件

値上がりが確実だった未公開株

現在では、人材紹介などの幅広い情報サービスを提供する企業として世間に知られているリクルート社だが、かつては汚職企業の代名詞のように言われていたことがあるのをご存じだろうか。

「リクルート事件」といわれる一連の汚職事件が最初に報道されたのは、1988（昭和63）年6月、バブル景気の頃である。

発端は、朝日新聞が掲載した記事だった。

記事によれば、1984（昭和59）年12月にリクルートの関連会社であるリクルートコスモス社の未公開株が神奈川県川崎市の小松秀熙助役へ譲渡されたという。

当時、リクルートはJR川崎駅前の再開発地域に進出する予定で、小松はその企業誘致の責任者だった。小松はリクルート関連の金融会社から融資を受けて未公開株を譲り受け、店頭公開後に売却して1億円を超える利益を得ていたというのである。

リクルートコスモスの未公開株は、公開後に大幅な値上がりが確実な株だったため、リクルート側が相手に何らかの見返りを期待して譲渡したと思われてもしかたがなかった。

贈収賄として報じられたこの記事を皮切りに、まもなく政界に激震が走る。名だたる政治家たちがリクルートコスモスの未公開株を取得し、売却していた事実が次々と発覚したからである。

次々と大物政治家の名が挙がる

まず、名前が挙がったのが自民党の森喜朗元文部大臣だ。

リクルートの江副浩正会長と以前から親交のあった森は、秘書を通じてリクルートコスモスの未公開株の譲渡を受けて売却益を得ていたことが発覚したのだ。

続いて、自民党の渡辺美智雄政調会長や中曽根康弘前首相、宮澤喜一大蔵大臣、また民社党の塚本三郎委員長、さらには当時の首相だった竹下登の秘書の名前が相次いで挙がり、世間は騒然となった。

参議院特別委員会に証人として出席した江副浩正（写真提供：産経新聞社）

彼らは本人やその家族、秘書などの名義でリクルートコスモス株を取り引きしていたのである。

さらに、事件は政界以外にも広がりを見せる。江副会長と東京大学の先輩後輩として親しくしていた日本経済新聞社の森田康社長が同株を売買していたとして辞任、また加藤孝前労働事務次官、民営化されたばかりのＮＴＴの幹部への譲渡も発覚し、日本の政官財を揺るがしたのである。

多くの逮捕者や自殺者が出る

それにしても、なぜリクルートはここまで未公開株をばらまいたのだろうか。

当時はコンピューターによる情報システ

ムが急速に構築されている時代だった。企業として急成長中だったリクルートも、いち早く情報システムの構築を目指していたが、そうした許認可を得るにはNTTをはじめ政官財の各界とのつながりが必要だったのだ。

しかも、この頃はバブル経済の全盛期で新しく株を公開する企業も多かった。未公開株をつき合いのある人に譲渡することもそれほど珍しくなく、贈収賄としてここまで大きな問題になるとは、リクルート側も、譲渡された側も意識していなかったに違いない。

しかし、検察やマスコミによる追及は激しく、リクルートの江副元会長は心身が衰弱するほどのバッシングを受けた。

結果として昭和から平成へと元号が変わった1989年、東京地検特捜部により江副元会長や真藤恒NTT前会長らが贈収賄容疑で逮捕、自民党の藤波孝生元官房長官らが在宅起訴されて有罪となっている。

中曽根、宮澤、竹下ら大物議員の贈収賄は立証できなかったものの、世間の目は厳しく、宮澤は大蔵大臣を辞任。竹下内閣は総辞職に追い込まれ、騒動の渦中で竹下の元秘書が自殺している。

また、中曽根も自民党を離党するなど、リクルート事件が政界へ及ぼした影響は計り知れなかった。

昭和天皇の崩御《ほうぎょ》

日本中に広がった自粛ムード

1989（昭和64）年1月7日午前6時33分、昭和天皇が満87歳8か月で崩御された。死因は十二指腸乳頭周囲腫瘍（腺ガン）、歴代天皇中で最長寿であり、在位期間ももっとも長かった。

前年9月にはすでに昭和天皇の容態悪化が報じられ、皇居坂下門外をはじめ全国の宮内庁施設にお見舞いの記帳所が設けられると、初日だけで16万人、最終的には900万人が記帳に訪れている。

また、天皇の容態悪化を受けて日本中に自粛ムードが広まった。各地のお祭りやイベントが中止や延期になり、テレビ各局はお笑い番組やバラエティ番組を次々と中止してお堅い内容の番組に変更したのである。

あまりの自粛ムードに政府からも過剰な自粛はしなくていいとコメントが発表された

が、それでも自粛ムードが収まる気配はまるでなかったほどだ。

そうしたなかで昭和天皇が亡くなられると、テレビ各局は歌やダンスなど華やかな芸能を中止して追悼番組を放送し、ＣＭもその多くが公共広告に切り替わった。新聞も広告を減らして天皇崩御の記事を掲載した。

7日で終わった昭和最後の年

天皇崩御の翌1月8日には元号が「平成」になったため、昭和64年はわずか7日で終わりとなった。

2月24日には天皇の葬儀である「大喪の礼」が執り行われ、世界各国から大統領や首相、大使らが参列した。また、大喪の礼の当日は、日本は法律により公休日となり、デパートや映画館などは営業を自粛したほか、各地で多くの半旗が掲げられたのである。

極度の物不足と不況にあえいだ戦後、誰もが明るい未来を夢見た高度成長期、そしてバブル経済……。日本人にさまざまな景色を見せた激動の昭和はこうして終わりを告げた。そして、時代は新しい平成へと移り変わっていったのだ。

【参考文献】

『この日本で生きる君が知っておくべき「戦後史の学び方」池上彰教授の東工大講義』池上彰／文藝春秋、『昭和史戦後篇1945－1989』半藤一利／平凡社、『昭和の歴史9　講和から高度成長へ』柴垣和夫／小学館、『昭和の歴史10　経済大国』宮本憲一／小学館、『池上彰の現代史授業　21世紀を生きる若い人たちへ　昭和編2 昭和三十年代　もはや戦後ではない！』池上彰監修・著／ミネルヴァ書房、『池上彰の現代史授業　21世紀を生きる若い人たちへ　昭和編3 昭和四十年代　高度成長にわく』池上彰監修・著／ミネルヴァ書房、『the Chronicle－ザ・クロニクル戦後日本の70年2　1950－54平和への試練』共同通信社、『the Chronicle－ザ・クロニクル 戦後日本の70年3　1955－59 豊かさを求めて』共同通信社、『the Chronicle－ザ・クロニクル戦後日本の70年4　1960－64 熱気の中で』共同通信社、『the Chronicle－ザ・クロニクル戦後日本の70年6　1970－74成長の歪み』共同通信社、『本当はよくわかっていない人の2時間で読む教養入門　やりなおす戦後史』蔭山克秀／ダイヤモンド社、『「国民の祝日」の由来がわかる小事典』所功／PHP研究所、『知っておきたい日本の年中行事事典』福田アジオ、菊池健策、山崎祐子、常光徹、福原敏男／吉川弘文館、『日本人なら知っておきたい昭和戦後史』竹田恒泰監修／PHP研究所、『ODAの経済学 第3版』小浜裕久／日本評論社、『池上彰の学べるニュース3－国際問題・外交編』池上彰＋「そうだったのか！池上彰の学べるニュース」スタッフ／海竜社、『用語でわかる！国際関係かんたん解説 下巻』池上彰監修／フレーベル館、『プロジェクトX挑戦者たち7　未来への総力戦』NHKプロジェクトX制作班編／日本放送出版協会、『プロジェクトX挑戦者たち3　翼よ、よみがえれ』NHKプロジェクトX制作班編／日本放送出版協会、『プロジェクトX挑戦者たち29　曙光　激闘の果てに』NHKプロジェクトX制作班編／日本放送出版協会、『プロジェクトX挑戦者たち20 未踏の地平をめざせ』NHKプロジェクトX制作班編／日本放送出版協会、『沖縄現代史 新版』新崎盛暉／岩波書店、『戦後史開封』産経新聞ニュースサービス／産経新聞社、『昭和時代三十年代』読売新聞昭和時代プロジェクト／中央公論新社、『「週刊朝日」の昭和史』週刊朝日編集部編／朝日新聞社、『リクルート事件・江副浩正の真実』江副浩正／中央公論新社、『竹下政権の崩壊 リクルート事件と政治改革』朝日新聞政治部／朝日新聞社、『正義の罠 リクルート事件と自民党―20年目の真実』田原総一朗／小学館、『安田講堂1968―1969』島泰三／中央公論新社、『泣いて笑って夢に生きた昭和時代』昭和倶楽部編／成美堂出版、『新聞と「昭和」』朝日新聞「検証・昭和報道」取材班／朝日新聞出版、『第五福竜丸 ビキニ事件を現代に問う』川崎昭一郎／岩波書店、『第五福竜丸―その真相と現在』広田重道／白石書店、『三億円事件』一橋文哉／新潮社、『日本を変えた昭和史七大事件』保阪正康／角川書店、『ロス疑惑 三浦事件』足立東／霞出版社、『未解決事件現場を歩く 激動の昭和篇』双葉社、『日本の「未解決事件」100』宝島社、『昭和の出版が歩んだ道』能勢仁・八木壯一／出版メディアパル、『犯罪の昭和史2 戦後・昭和20年―昭和34年』作品社、『昭和史の闇〈1960―80年代〉現場検証 戦後事件ファイル22』合田一道／新風舎、『グリコ・森永事件』朝日新聞大阪社会部／朝日新聞社、『田中角栄 その巨善と巨悪』水木楊／文藝春秋、『宰相 佐藤栄作』宮崎吉政／新産業経済研究会、『戦後首相論』俵孝太郎／グラフ社、『総理の器量 政治記者が見たリーダー秘話』橋本五郎／中央公論新社、『ちくま評伝シリーズ〈ポルトレ〉黒澤明―日本映画の巨人』筑摩書房編集部／筑摩書房、『美空ひばり―時代を歌う』大下英治／新潮社、『アニメ作家としての手塚治虫―その軌跡と本質』津堅信之／NTT出版、『本田宗一郎と井深大に学ぶ現場力』吉村久夫／日本経済新聞出版、『持丸長者［戦後復興篇］―日本を動かした怪物たち』広瀬隆／ダイヤモンド社、『ほんとうは失敗続きだった「経営の神様」』中島孝志／メトロポリタンプレス、『昭和レトロ博物館』町田忍／角川書店、『昭和30年代パノラマ大画報』

宝島社、『時代を切り開いた世界の10人1 ビートルズ』高木まさき監修／学研教育出版、『東京タワー50年 戦後日本人の〝熱き思い〟を』鮫島敦、日本電波塔株式会社監修、日本経済新聞出版、『「日本」を探す』産経新聞文化部／産経新聞出版、『発見！ 意外に知らない昭和史』歴史雑学探偵団編／東京書店、『鉄道なんでも日本一』櫻田純／ＰＨＰ研究所、『日本全国！「新幹線」をとことん楽しむ本』レッカ社編／ＰＨＰ研究所、『東海道新幹線50年の軌跡』須田寛、福原俊一／ＪＴＢパブリッシング、『「夢の超特急」、走る！ 新幹線を作った男たち』碇義朗／文藝春秋、『昭和30年代の「意外」な真実』武田知弘／大和書房、『高速道路の謎 雑学から知る日本の道路事情』清水草一／扶桑社、『大阪万博 20世紀が夢見た21世紀』平野暁臣編著／小学館クリエイティブ、『昭和の重大事件』歴史の謎を探る会／河出書房新社、『図説 戦後昭和史 団塊の世代』木村章一／インテリスト Ａ－1、『10大ニュースに見る戦後50年』読売新聞世論調査部編、読売新聞社、『日本史 Ｂ』三省堂、『ビジュアルワイド 図説世界史』東京書籍、『世界史図録 ヒストリカ』山川出版社、『２０１６ 現代用語の基礎知識』自由国民社、『イノベーションを実現するデザイン戦略の教科書』鈴木公明／秀和システム、『経営に大義あり－日本を創った企業家たち』日本経済新聞社編／日本経済新聞出版、『ＭＡＤＥ ＩＮ ＪＡＰＡＮ－わが体験的国際戦略』盛田昭夫、エドウィン・ラインゴールド、下村満子訳／ＰＨＰ研究所、朝日新聞、読売新聞、夕刊フジ、日本経済新聞ほか

【参考ホームページ】

JAL、PRESIDENT Online、SHARP、Sony Japan、COMZINE ニッポン・ロングセラー考、ITmediaビジネスオンライン、ＪＴＢ１００年の歩み、ＮＨＫアーカイブス、日本経済新聞、茨城新聞、東京新聞、パナソニック株式会

社、本田技研工業株式会社、昭和毎日、宮崎県季刊誌「Jaja」、インスタントラーメンナビ、日清食品、三菱広報委員会、文部科学省、ＮＨＫ、板橋区、科学技術館、一般社団法人 家庭電気文化会、テレビ朝日、マイナビニュース、トラベルビジョン、経済企画庁、トラベルボイス、ハフィントンポスト、毎日新聞、朝日新聞デジタル、オリエンタルランドグループ、日刊スポーツ、日本オリンピック委員会、新刊ＪＰ、万博記念公園、第一学習社、乗りものニュース、厚生労働省、日経トレンディ、産経ニュース、日本テレビ、都立第五福竜丸展示館、盛田昭夫ライブラリー、ニュースイッチ、ITPro by 日経コンピュータほか

【写真クレジット】

6章扉 ©panDx1

教科書では教えてくれない **昭和の日本**

2020年12月10日　第1刷

編　者　歴史ミステリー研究会

製　作　新井イッセー事務所

発行人　山田有司

発行所　株式会社　彩図社《さいずしゃ》

〒170-0005　東京都豊島区南大塚3-24-4 MTビル
TEL:03-5985-8213
FAX:03-5985-8224

印刷所　新灯印刷株式会社

URL：https://www.saiz.co.jp
https://twitter.com/saiz_sha

 ISBN978-4-8013-0489-5 C0121

本書は弊社より刊行した書籍『戦後昭和の日本』（2016年8月発行）を修正のうえ文庫化したものです。